AF245213

EXTRAIT

DES PROCÈS-VERBAUX

DES DÉLIBÉRATIONS DU CONSEIL GÉNÉRAL

SESSION ORDINAIRE

11ᵉ SÉANCE, DU 17 DÉCEMBRE

Présidence de M. Agricole.

Discussion sur l'immigration.

M. LE PRÉSIDENT : La discussion sur l'immigration est ouverte. Monsieur le Rapporteur de la commission financière, vous avez la parole pour la lecture de votre rapport.

M. LE RAPPORTEUR : Nous touchons à une question de la solution de laquelle dépend non seulement le présent, mais surtout l'avenir de la colonie.

Si l'immigration n'avait consisté que dans l'introduction

de quelques centaines de travailleurs indiens par an, elle n'aurait pas arrêté longtemps votre commission.

Dans l'état actuel, quand il n'y a pas de travail pour tout le monde, introduire à grands frais de nouveaux travailleurs est chose dangereuse, imprudente et qui ne peut venir à l'esprit de personne.

Mais l'immigration n'est pas seulement l'introduction de travailleurs étrangers : *c'est l'organisation du travail étranger* à la Martinique. A ce point de vue, la suppression de l'introduction des Indiens ne change en rien la situation. Il faut faire autre chose.

Ici, Messieurs, il convient de jeter un regard d'ensemble sur la situation telle que les circonstances viennent de nous la dévoiler.

Les travailleurs à la Martinique se divisent en deux catégories bien distinctes :

Le travailleur soumis au droit commun : le créole ;

Le travailleur soumis encore au régime exceptionnel tel que l'avait fait l'empire, mais aggravé par une réglementation toute spéciale : l'immigrant.

Ainsi, deux classes de travailleurs en concurrence, deux lois pour le travail créant dans ce pays une situation absolument intolérable.

Tant que les sucres se vendaient, qu'on avait confiance dans l'avenir, on pouvait se tromper sur la gravité du mal, et cette apparente prospérité faisait hésiter les esprits les plus convaincus, les plus prévenus contre l'immigration. On ne voyait pas, qu'au fond, la principale victime de l'immigration était le créole ; qu'en restreignant la liberté de l'Indien, c'était la liberté du créole que l'on restreignait, et que, demandant pour notre pays toutes les libertés, nous oubliions de proclamer la première de toutes : la liberté du travail.

Il a suffi d'une baisse du prix du sucre pour mettre en présence ces deux catégories de travailleurs. L'Indien, dont le salaire est fixé par décret, ne supporte, en effet, en rien la crise actuelle, tandis qu'elle retombe de tout son poids sur le seul travailleur indigène.

L'immigrant coûte de 1 fr. 50 cent. à 2 francs par jour, et le créole 0 fr. 75 cent. à 1 franc........

Au premier, du travail tous les jours, et même en cas de

chômage un salaire assuré; la nourriture, les vêtements, les soins médicaux! Au créole, le travail, par hasard, quand il en reste pour lui; et quand il n'y a rien à faire, ni salaire, ni entretien.

C'est-à-dire que coûtant deux fois plus que le créole, l'Indien a encore la préférence, et que le travail manquant, pour chaque immigrant employé, ce sont deux créoles qui ne peuvent pas travailler.

Nous n'avons pas besoin d'insister; il y a là, tout le monde le sent, une iniquité profonde; nous ne pouvions pas la maintenir. Elle n'aurait pas fait l'objet de nos préoccupations, si elle était le résultat de la liberté. Nous croyons, en effet, que le gouvernement doit garantir la liberté, le droit de chacun, sans intervenir davantage dans les relations entre le propriétaire et l'ouvrier. Autant la concurrence est légitime quand elle est le résultat de la liberté, autant elle est injuste et dangereuse quand elle est organisée, entretenue, voulue par les pouvoirs publics.

Mais, Messieurs, cette organisation, c'est nous qui l'avons faite, et voilà pourquoi nous sommes appelés aujourd'hui à juger notre œuvre.

Vous l'avez vu, l'immigration est une concurrence organisée au détriment du travailleur créole, et cette concurrence ne se fait pas seulement par le nombre de bras ajoutés à ceux que le pays possède déjà — ce qui serait très peu de chose — mais par la différence du régime qui est appliqué à chaque catégorie de travailleurs.

Au propriétaire qui a besoin de cultivateurs nous disons, avec notre organisation actuelle :

Voici deux travailleurs :

Le premier est un homme libre, vous conviendrez avec lui du prix de son travail, le contrat que vous passerez avec lui sera purement civil, et s'il y manque, vous aurez recours aux tribunaux qui ne pourront condamner le perdant qu'à des dommages-intérêts.

En voici un autre qui s'est engagé avec moi et que je vous cède; vous pouvez le mettre au four et au moulin, à la charrue ou à l'étable, le tout pour le même prix........ Vous consulterez votre intérêt. Il vous doit du *travail*, et s'il s'y refuse, je l'emprisonne; s'il quitte la propriété, je l'emprisonne et vous le ramène par mes gendarmes : attaché à la glèbe, il faut qu'il y reste.

Eh bien ! à mérite égal, et même à un salaire plus élevé, quel est le propriétaire qui ne préférera pas employer l'im-migrant? Seulement ce travailleur, garanti par le gouver-nement, offre quelques inconvénients. Il coûte beaucoup d'argent et est pour l'habitant une charge écrasante : prime d'introduction, fourniture de vêtements, abonne-ment de médecin, achat de médicaments, frais d'hospita-lisation en cas de vagabondage, pertes matérielles occa-sionnées par le vol et l'incendie : toutes dépenses qui viennent peser si lourdement sur lui et augmenter encore ce salaire déjà si onéreux.

Et en outre de ces bras qui lui reviennent si cher, faut-il encore déduire, sans aucune exagération, 33 pour 100 de non-valeurs.

Cette institution funeste aurait donc de plus cette con-séquence d'être préjudiciable au propriétaire lui-même, au profit duquel elle a été créée. Ce sont ces inconvénients et aussi l'infériorité de l'Indien comme ouvrier agricole qui ont aidé le travailleur créole à exister encore, ce n'est pas notre législation faite entièrement contre lui.

Pour la colonie, sans être si écrasante, la charge n'est pas moins lourde : c'est par centaines de mille francs que nous mesurons les sacrifices qu'elle s'impose (1).

---

(1) *Moyenne annuelle des dépenses d'immigration.*

Dépenses :

De recrutement et d'introduction de travailleurs indiens.	55,000ᶠ 00
D'hospitalisation	60,000 00
D'entretien au dépôt et de matériel	45,000 00
D'entretien dans les prisons (*) (125 par jour à 0 fr. 50).	22,800 00
De protection	43,000 00
Frais de rapatriement	50,000 00
Frais de justice (le 1/4 de 113,000 francs prévu au budget).	28,250 00
	304,050 00

(*) Les condamnations prononcées contre les immigrants, du 1ᵉʳ janvier au 1ᵉʳ dé-cembre 1884, s'élèvent à 91 ans et 11 mois de prison !........

Le premier soin de votre commission a donc été de rechercher le moyen de mettre un terme à cette situation dont les événements actuels ont montré les périls d'une façon si brutale et si saisissante.

Elle a décidé, en conséquence, qu'il y avait lieu de repousser le crédit porté chaque année pour renouvellement des contrats expirés.

Quant à la dénonciation de la convention avec l'Angleterre, elle s'impose. Quelqu'opinion qu'on puisse avoir de l'avenir de la Martinique, on ne peut pas, en effet, consentir à préparer au pays une situation aussi terrible que celle qu'il traverse en ce moment, et ce serait s'y exposer que de lui laisser croire que le système inauguré en 1853, au temps de la réaction la plus triomphante, puisse subsister encore. Le travail doit être libre à la Martinique comme il l'est dans tous les pays civilisés, et ce n'est pas quand nous proclamons chaque année notre volonté de ne pas faire exception dans la grande patrie française, ce n'est pas quand nous protestons de toutes nos forces contre ceux qui prétendent que nous ne sommes pas mûrs pour la liberté, que nous pouvons permettre qu'on dise en même temps, en laissant debout cette convention avec l'Angleterre, qu'un pays aussi peuplé que la Martinique ne peut vivre qu'avec la permission de l'étranger.

Nous continuerons à respecter les obligations que nous avons contractées vis-à-vis des sujets anglais; rien ne sera changé à leur état; à mesure que leur contrat expirera, ils rentreront dans la catégorie des immigrants libérés. S'ils veulent s'établir définitivement dans le pays, ils seront libres de le faire; s'ils réclament leur rapatriement, nulle difficulté, cette clause du traité est garantie au titre des dépenses obligatoires. Pour le reste, nous déclarons vouloir vivre sous l'empire du droit commun et inscrire dans nos lois cette devise de tous les peuples civilisés : *Travail libre en pays libre.*

Telle a été, Messieurs, la décision de votre commission et nous devons, à l'honneur de notre pays, de dire qu'elle a été prise à l'unanimité. Nous espérons qu'elle aura le même sort devant le conseil général.

La fusion de votre caisse d'immigration avec la caisse coloniale devenait une conséquence naturelle de ce vote.

Le crédit de 45,000 francs prévu pour renouvellement

des contrats a été supprimé ; d'autre part, nous avons voté une somme de 100,000 francs pour frais de rapatriement. La dépense de ce chapitre a été augmentée de 55,000 francs.

M. CADEAU : Messieurs, au sujet de l'immigration, je lis dans les conclusions de l'honorable rapporteur de la commission des finances ce qui suit :

« Telle a été, Messieurs, la décision de votre commission, et nous devons, à l'honneur de notre pays, de dire qu'elle a été prise à l'unanimité. Nous espérons qu'elle aura le même sort devant le conseil général. »

Comme membre de cette commission, mon devoir est de répéter ici ce que j'ai dit, à savoir, que, vu la situation actuelle de l'agriculture, je ne suis pas d'avis de voter des fonds pour le recrutement des travailleurs étrangers l'année prochaine, ni non plus d'en voter pour le réengagement d'Indiens libérés qui voudraient contracter un nouvel engagement dans la colonie, mais que je suis un partisan décidé du maintien de l'immigration en principe, car la crise que nous traversons peut cesser d'un moment à l'autre. Quant à la suppression définitive de l'immigration, je tiens à déclarer à la face de mon pays, et pour que tout le monde l'entende, que loin de la voter, comme semble le dire le rapporteur, j'ai voté dans le sens contraire.

Je suis de ceux qui pensent que le pays se relèvera de son marasme actuel et qu'il aura des jours meilleurs, qu'on commettrait une véritable imprudence en le privant des bras étrangers qui ont fait sa fortune et qui seuls peuvent le maintenir dans la situation qu'il a occupée dans le monde commercial.

Ceci dit, permettez-moi, Messieurs, de vous faire quelques observations au sujet de la suppression de l'immigration.

Tout d'abord, je tiens à rendre justice à ceux qui pensent qu'il n'est pas nécessaire de faire venir des immigrants pour la culture de la canne, ils sont de bonne foi. Ils croient commettre un acte philanthropique, ils croient rendre service au pays, ils veulent nous rendre heureux selon leurs vues. À entendre certains de nos collègues, l'immigration est une plaie sociale, c'est l'esclavage déguisé, c'est le servage, que sais-je ? on a tant dit ici même de l'immigration et de l'immigrant, qu'il serait puéril d'y revenir.

L'immigration est devenue une question brûlante, qu'il faudrait pourtant étudier avec le plus grand soin et sans le plus léger parti pris. Si l'abaissement des sucres a provoqué l'abaissement des salaires, conviendrait-il, je vous le demande, de vous en prendre à elle qui, dans des temps meilleurs, a fait la fortune de notre pays?

Si ses détracteurs étaient plus au courant de ce qui se passe à la campagne, ils comprendraient que ce n'est pas le nombre de bras qui a causé l'abaissement des salaires, mais bien la crise agricole due, tout le monde le sait, à la concurrence étrangère.

Et c'est à l'immigration qu'on jetterait la pierre!

Messieurs, raisonnons froidement.

Oui ou non, avec le même nombre de bras que possède le pays, le salaire journalier était-il à deux francs l'année dernière?

Oui ou non, la Martinique, comme le fait sa sœur la Guadeloupe, pourrait-elle augmenter ses cultures et atteindre une moitié de revenus en plus?

Oui ou non, notre production a-t-elle plus que doublé depuis l'introduction des immigrants à la Martinique?

Oui ou non, plus il y a eu de bras, plus le salaire a-t-il été élevé?

Et quand vous avez sous les yeux des faits de cette nature, vous supprimeriez l'institution même de l'immigration?

Non, Messieurs, arrêtez-vous!

Vous commettriez un mauvais acte, contentez-vous de suspendre, jusqu'à des jours meilleurs, l'institution qui, quoi que l'on puisse dire, a largement contribué au développement de nos cultures et à la prospérité générale. Une manœuvre aventureuse peut tout gâter, nous faire perdre le fruit de trente années de labeur, et anéantir toutes les soi-disant fortunes dont nous connaissons la fragilité.

Je n'entends pas dire, entendez-le bien, qu'il soit nécessaire de faire venir des immigrants ni l'année prochaine, ni l'année d'après; je ne peux pas préciser, mais il arrivera peut-être un jour où l'immigration s'imposera, et alors, si vous la supprimez aujourd'hui, il ne vous resterait plus que le regret d'avoir agi à l'aventure et trop précipitamment.

M. BÉLUS: Messieurs, vous venez d'entendre les propositions de la commission financière; mon honorable collègue, M. Cadeau, vous a fait connaître son appréciation sur les différentes mesures qui vous sont proposées, je n'aurai que deux mots à ajouter et je vous prie de vouloir bien me prêter un moment votre attention, je ne serai pas long.

Messieurs, nous sommes tous ici d'accord sur un premier point ; tous nous convenons qu'il n'y a pas lieu cette année de voter un crédit quelconque pour l'introduction dans la colonie, en 1885, de travailleurs étrangers ; mais un groupe de l'assemblée, groupe dont je fais partie, ne partage pas l'opinion de la commission financière, quand cette dernière demande la suppression de l'institution même de l'immigration. C'est à ce dernier point de vue seulement donc que je vous entretiendrai.

A-t-on eu tort ou raison de voter l'immigration en 1852 ? Cette question jusqu'ici est encore à résoudre. Toujours est-il, et que je le dise de prime abord, sans l'immigration, nous n'aurions pas vu la fortune publique se cotiser pour créer les usines, ces grands centres d'industrie qui font la prospérité de notre pays.

Ce n'est pas la première fois, Messieurs, que la question de suppression de l'immigration se déroule dans ce conseil. Tous les arguments se sont produits. Tantôt on a dit que l'introduction de travailleurs étrangers était une dépense énorme que la colonie s'imposait en faveur de l'agriculture et dont elle n'était point couverte par le prix des immigrants que payaient les propriétaires.

On a fait des calculs, établi des rapprochements, en ayant toujours soin néanmoins de ne pas mettre en regard de ces chiffres les droits à la sortie que payent les sucres, droits qu... eni ississent notre budget et qui ne sont que le résultat du trav.. ees immigrants.

Plus tard, la question d'humanité s'est fait jour: les immigrants étaient mal nourris, mal traités ; et enfin aujourd'hui, par un revirement subit d'argumentation, ce sont eux les privilégiés, eux les biens soignés, tandis qu'à côté d'eux l'indigène meurt de faim, à cause de la concurrence qui lui est faite par les bras étrangers!.....

Ne vr is arrêtez pas, Messieurs, à ce mot de concurrence! .oin d'être un objet de concurrence pour le travailleur créole, je dis, au contraire, que l'immigrant indirectement procure du travail à l'indigène.

N'est-il pas certain, en effet, que beaucoup d'habitants cesseront de planter s'ils n'ont plus ce noyau de cultivateurs qu'ils sont forcés d'employer, et, par suite, ce chômage ne sera-t-il pas nuisible à l'indigène?

Le pays a essuyé beaucoup de crises et nous l'avons vu se relever, tantôt peu à peu, tantôt tout à coup : les sucres peuvent être, l'année prochaine, cotés à un prix supérieur, le cultivateur créole aura alors du travail, la situation n'est pas désespérée.

On a parlé beaucoup de l'abaissement du prix du salaire; mais, remarquez-le bien, les pays les plus prospères ne sont pas ceux où le travail est le mieux rétribué.

A Paris, les commissions l'ont dit, les ouvriers ne manquent de travail que parce que toutes les marchandises que cette grande ville reçoit viennent de l'étranger.

A la Barbade, où on n'a pas introduit d'Indiens, le salaire n'a jamais été supérieur à 1 franc, tandis qu'ici, avec les Indiens, nous payions, avant la crise, le cultivateur indigène à 2 francs et 2 fr. 50 cent.

A la Dominique, le salaire est à 45 centimes et cependant l'immigration n'y existe pas.

A Sainte-Lucie, avant l'introduction d'immigrants, l'indigène n'avait pas de travail; du jour où les Indiens y ont été débarqués, les cultures se sont agrandies, des ...es y ont été créées et les bras créoles ont alors trouvé du travail.

J'ai fini, Messieurs, aucun de nous, je le répète, ne demande le vote d'un crédit quelconque pour l'introduction en 1885 de travailleurs étrangers; aucun de nous ne vous en demandera pas non plus pour 1886; mais je vous en supplie, ne touchez pas à l'institution même de l'immigration, ne dénoncez pas le traité.

Le sucre peut se relever, notre pays peut avoir besoin de bras étrangers, et pourrez-vous vous adresser au département pour en avoir quand l'abolition de l'immigration aura été votée par vous?

M. DE THOMÉ : Messieurs, quoique l'on ait beaucoup dit déjà sur la question qui nous occupe, je ne crois pas inutile de rappeler à quelques-uns de nos collègues les inconvénients et les dangers que la suppression de l'immigration pourrait entraîner pour la colonie, si les propositions de la commission financière étaient adoptées.

Je vais me borner à vous citer des faits et des appréciations qui, dégagés de toute idéologie, sont en quelque sorte l'expérience démontrée. Vous savez, Messieurs, que notre population agricole affectée à la culture de la canne se compose d'environ 30,000 personnes dans lesquelles sont compris 12,000 immigrants. Avec ce contingent de travailleurs nous produisons 90,000 barriques de sucre.

La crise que nous traversons n'a eu lieu que parce que le produit de la récolte, qui est cependant une des meilleures que nous ayons faite, a été inférieur aux récoltes ordinaires d'environ 7 à 8 millions, et cela, par le bas prix du sucre. Eh bien! en retranchant les 12,000 immigrants de ce contingent de travailleurs et en tenant compte de la régularité de leurs journées, on peut dire que la production de notre denrée d'exportation sera réduite de moitié. Dans ce cas, et en supposant que le sucre augmente du double de son prix actuel, les 7 à 8 millions de recettes continueront à manquer à l'exportation de la colonie par cette diminution de production, et l'importation restant la même pour les besoins de l'existence, il en résultera que la balance commerciale de la colonie se soldera par le même déficit de 7 à 8 millions. La conséquence forcée d'une pareille situation sera la continuation de la crise actuelle et la déconfiture du pays.

Vous voyez qu'il n'est pas possible de réduire notre production pour l'exportation sans arriver à la misère et à la faillite.

Alors quel est ce régime économique que vous voulez imposer à la colonie? La diminution du travail agricole. On l'a dit avant moi, ce n'est soutenable ni au point de vue économique, ni au point de vue financier de la colonie, ni au point de vue des intérêts maritimes de la métropole, et si vous voulez en prévoir les conséquences, vous les trouverez contraires à votre point de vue politique.

Voulez-vous que je vous fasse apercevoir un côté très probable? Vous voulez faire disparaître la propriété sucrière de la grande propriété. Eh bien! vous allez la constituer plus grande et en quelque sorte plus forte que jamais; vous allez rétablir forcément l'ancien fief. Que va-t-il se passer, en effet? Aussitôt que sous l'influence de la nouvelle législation l'équilibre sera rétabli entre la production et la consommation du sucre (j'expliquerai à un autre chapitre du budget comment il va se faire par la force des choses), les producteurs de la Martinique, privés seuls parmi toutes les autres colonies du secours de l'immigration, voudront la continuer de leur propre initiative, comme cela s'est déjà vu en 1871. Les habitations dont les propriétaires sont aisés pourront l'entreprendre pour leur compte personnel, celles qui généralement ont une dette chez un commissionnaire ou à l'usine, seront livrées à ces établissements industriels dont les actionnaires remplaceront les anciennes compagnies des îles, et la propriété que vous aurez voulu abattre, vous l'aurez au contraire élevée à sa suprême puissance. Mais comptez les victimes que vous aurez faites !

Mais, est-ce nous seuls qui avons eu recours à l'immigration? Regardez toutes les autres colonies de notre archipel. La plupart nous ont devancés dans cette voie, d'autres nous ont suivis, mais toutes celles qui ont quelqu'importance la pratiquent, et cela par la force des circonstances et des besoins qui partout ont été les mêmes. Une partie de la population, adonnée à la grande culture, l'a abandonnée pour les cultures vivrières; une autre partie a subi l'attraction des villes et bourgs et la subit tous les jours, et il a fallu remplir ces vides sous peine de voir décroître les exportations et de voir diminuer leur valeur commerciale; et vous voudriez que toutes les autres prospérassent autour de nous et nous seuls décroître par une insuffisance de bras ?

Je vous le répète, quels sont donc ces principes économiques que vous nous proposez ?

Mais, examinons les arguments que vous avez fait valoir dans votre rapport et voyons si le sophisme des idées et les contradictions qui y abondent peuvent tenir contre la réalité et contre la force de cet état général que nous n'avons pas été seuls à subir.

Vous dites: « Les travailleurs à la Martinique se divisent en deux catégories: le travailleur soumis au droit commun, le créole; le travailleur soumis encore au régime exceptionnel tel que l'avait fait l'empire, mais aggravé par une réglementation toute spéciale, l'immigrant. Ainsi deux classes de travailleurs en concurrence, deux lois pour le travail créent dans ce pays une situation absolument intolérable. »

Je vous réponds que l'immigrant n'est pas en dehors du

droit commun, seulement les exigences internationales ont obligé le gouvernement français à une protection spéciale pour assurer l'exécution du contrat de l'immigrant. Ces exigences, du reste, sont les mêmes dans les colonies anglaises, et je ne vois pas en quoi elles peuvent nuire aux autres catégories de travailleurs. Mais le créole qui a un contrat pour le colonage partiaire, n'est-il pas aussi une autre catégorie de travailleurs? Chacune de ces catégories choisit le genre de conventions ou de travail qui lui paraît le plus commode ou le plus avantageux. C'est la liberté. Et s'il convenait à une partie des créoles d'adopter le contrat de l'Indien, lui contesteriez-vous ce droit, et ne formerait-il pas une autre catégorie parmi les créoles même?

Vous ajoutez: « Tant que les sucres se vendaient, qu'on avait confiance dans l'avenir, on pouvait se tromper sur la gravité du mal, et cette apparente prospérité faisait hésiter les plus convaincus, les plus prévenus contre l'immigration. On ne voyait pas qu'au fond la principale victime de l'immigration était le créole; qu'en restreignant la liberté de l'Indien, c'était la liberté du créole que l'on restreignait, et que, demandant pour notre pays toutes les libertés, nous oubliions de proclamer la première de toutes: la liberté du travail. »

Je vous réponds qu'il ne faut pas discuter la question en prenant pour base la situation que nous a créée la crise actuelle, crise qui nous est commune avec tous les pays producteurs, et qui prendra fin par la force des choses. (Je l'expliquerai ailleurs.) Vous ne voulez pas de concurrence, et vous parlez de la liberté du travail, mais c'est vous qui attentez à cette liberté, en refusant à ceux qui contractent la liberté de stipuler leurs conditions comme ils l'entendent.

Vous dites plus bas, car je ne veux rien omettre : « Il a suffi d'une baisse du prix du sucre pour mettre en présence ces deux catégories de travailleurs. L'Indien, dont le salaire est fixé par décret, ne supporte en rien la crise actuelle qui retombe d'autant plus lourdement sur le travailleur indigène. L'immigrant coûte de 1 fr. 50 à 2 fr., et le créole de 75 centimes à 1 franc. »

D'abord, le salaire de l'immigrant n'est pas fixé par décret, mais par un contrat librement débattu de part et d'autre dans l'Inde. Encore une fois, il ne faut pas prendre pour base de votre raisonnement l'état de choses occasionné par la crise actuelle. Mais s'il était vrai qu'en temps ordinaire le salaire de l'Indien fût plus élevé que celui du créole, cela prouverait contre vous, cela prouverait que les bras font défaut, à ce point qu'il faille arriver aux sacrifices pour former un atelier ou pour en combler les vides.

Vous continuez: « Au premier, du travail tous les jours, » et même, en cas de chômage, un salaire assuré, la nourriture, les vêtements, les soins médicaux lui sont donnés. « Au créole, le travail par hasard, quand il en reste pour lui, et quand il n'a rien à faire, ni salaire, ni entretien. »

Je laisse de côté les exagérations pour ne relever que les inconséquences, et je vous réponds que si l'engagiste cherchait à se soustraire à un contrat devenu aujourd'hui onéreux pour lui, l'administration et vous, assurément, seriez les premiers à en réclamer l'exécution. Mais ne savez-vous pas que le salaire du créole ne se borne pas à la partie en numéraire qu'il reçoit hebdomadairement, qu'il a encore la jouissance de la quantité de terre qu'il peut cultiver pour y faire des vivres dont il récolte seul le produit? ne savez-vous pas qu'il élève sur la propriété où il travaille des bœufs, des chevaux, des moutons, des porcs, des volailles dont le produit lui appartient sans partage? ne savez-vous pas qu'à part deux ou trois éleveurs, c'est le cultivateur créole qui fournit le bétail à la consommation locale, la propriété vivrière, par son exiguïté, ne se prêtant pas à cette spéculation? En résumé, ce travailleur a tous les avantages de la grande propriété, sans en avoir les charges, et se trouverait-il privé entièrement de salaire, qu'il vivrait encore des ressources qui lui sont laissées. Mais s'il préfère ces avantages, bien plus considérables, pourquoi refusez-vous à l'Indien la liberté d'en préférer d'autres, tels que ceux que vous avez cités, et en quoi les avantages accordés aux uns peuvent-ils nuire aux autres? Croyez-vous que cet état de chose n'est pas préférable à celui que subissent les malheureux ouvriers de Lyon ou de Paris, et pensez-vous que l'on puisse interdire aux Allemands, qui ne sont cependant pas nos meilleurs amis, de venir leur faire concurrence?

Vous continuez: « Nous n'avons pas besoin d'insister sur cette situation. Il y a là, tout le monde le sent, une iniquité profonde, nous ne pouvions pas la maintenir. Elle n'aurait pas fait l'objet de nos occupations si elle était le résultat de la liberté. Nous croyons en effet que le gouvernement doit garantir la liberté, le droit de chacun, sans intervenir davantage dans les relations entre le propriétaire et l'ouvrier. Autant la concurrence est légitime quand elle est le résultat de la liberté, autant elle est injuste et dangereuse quand elle est organisée, entretenue, voulue. »

Ici vous admettez la concurrence que vous repoussiez au début, vous la trouvez même légitime, et vous parlez encore de la liberté de travail; je suis obligé de vous suivre, mais il n'y aura donc plus de liberté parce qu'une convention aura été conclue dans le pays même de celui qui contracte. Comment! moi homme libre dans l'Inde, je contracte et je traite sous l'empire de mon gouvernement, et vous me contestez ce droit, parce que mon contrat vous déplaît ici, et quand ce contrat est fini et qu'il me convient de me réengager, vous me dites : non, vous serez rapatrié. Mais dans votre despotisme que devient donc ma liberté? vous me la contestez dans mon pays et vous me la refusez sur une terre française! En d'autres termes, vous voulez vous claquemurer ici, comme dans une autre Chine, parce que vous ne voulez pas de la liberté que contient le contrat du louage d'ouvrage, qui est le contrat le plus répandu, et où un patron est libre d'engager le travail d'un ouvrier au même titre que celui-ci est libre d'engager ses services.

Vous dites encore : « Vous l'avez vu, l'immigration est une concurrence organisée au travailleur créole. »

Voilà que vous ne voulez plus de concurrence.

Et vous poursuivez: « Et cette concurrence ne se fait pas seulement par le nombre de bras ajoutés à ceux que le pays possède, ce qui serait très peu de chose, mais par la différence de régime qui est appliqué à chaque catégorie de travailleurs. »

Voici maintenant que la concurrence est très peu de chose; ce n'est pas elle qui vous effraie, le créole trouvera toujours à travailler; ce qui vous choque, c'est une pure susceptibilité juridique. Mais si chaque catégorie de travailleur comme vous dites est content du régime qu'il a adopté, qu'avez-vous à dire?

Vous ajoutez du reste : « Au propriétaire qui a besoin d'un travailleur, nous disons avec notre organisation actuelle: voici deux travailleurs, le premier est un homme libre, vous conviendrez avec lui du prix de son travail, le contrat

que vous passerez avec lui sera purement civil, et s'il y
manque vous aurez recours aux tribunaux qui ne pourront
condamner le perdant qu'à des dommages-intérêts.

« En voici un autre qui s'est engagé avec moi et que je
vous cède, vous pouvez le mettre au four et au moulin, à
la charrue ou à l'étable, le tout pour le même prix. Vous
consulterez votre intérêt, quant au travailleur, il vous doit
du travail et s'il s'y refuse, je l'emprisonne, s'il quitte la
propriété, je l'emprisonne et vous le ramène par mes gendarmes; attaché à la glèbe, il faut qu'il y reste. »

Quelle exagération pour les besoins de votre cause?
Vous savez bien que l'immigrant qui est trouvé même en
état de vagabondage n'est pas emprisonné; qu'il est placé
au dépôt général des immigrants, aux frais de son engagiste, jusqu'à ce qu'il vienne le réclamer.

Mais puisque c'est la forme qui vous choque, est-ce qu'un
contrat administratif ou sous seings privés n'a pas la même
valeur qu'un contrat notarié, et n'oblige-t-il pas également?
Est-ce que les contrats pour le colonage partiaire ne se
font pas devant le maire? Est-ce qu'en général la sanction
des condamnations en dommages-intérêts ne se traduit pas
par l'emprisonnement?

M. Clavius Marius: Pas une condamnation en dommages-intérêts civils.

M. de Thoué: Je dis qu'en général les condamnations
en dommages-intérêts se traduisent par l'emprisonnement.

Est-ce que si vous voulez bien considérer le fond des
choses, vous ne trouverez pas qu'il est plus philanthropique
d'éviter les frais judiciaires à ce travailleur fautif, frais qui
se payeraient en journées de travail? Mais vous préférez
devenir plus exigeant et plus scrupuleux que son gouvernement national et que lui-même, et vous vous substituez à
l'un et à l'autre, et cela, pour la forme, mais non par amour
pour l'Indien, vous en conviendrez.

Car vous poursuivez: « Eh bien! à mérite égal et même
à un salaire plus élevé, quel est le propriétaire qui ne préférera pas employer l'immigrant? Seulement ce travailleur,
garanti par le gouvernement, offre quelques inconvénients.
Il coûte beaucoup d'argent pour l'habitant, c'est une charge
écrasante: prime d'introduction, fourniture de vêtements,
abonnement de médecin, achat de médicaments, frais
d'hospitalisation à sa charge en cas de vagabondage, pertes
matérielles occasionnées par le vol et l'incendie, toutes

dépenses qui viennent peser lourdement sur lui et augmentent encore ce salaire déjà onéreux.

« Et de plus, de ces bras qui lui reviennent si cher, il faut encore déduire, sans aucune exagération, 33 pour 100 de non-valeurs.

- « Cette institution néfaste aurait donc encore cette conséquence d'être préjudiciable au propriétaire lui-même, au profit duquel elle a été créée. Ce sont ces inconvénients et aussi l'infériorité de l'Indien qui ont sauvé le travailleur créole, ce n'est pas notre législation faite entièrement contre lui. »

Vous reconnaissez que le créole est préféré à l'Indien, moi aussi, donc il n'a rien à redouter de la concurrence. La vérité vous est échappée encore aujourd'hui, car voilà ce que vous disiez à la session de 1882 :

« Ah ! Messieurs, permettez-moi de m'enorgueillir du spectacle dont nous avons été témoins. Nous avons vu les propriétaires abandonner à leurs travailleurs la part modique que leur laissait l'usine. Nous avons assisté à cette lutte héroïque ; ils ont été ruinés, dépossédés ; les hommes les plus considérables, les plus respectés, sans pitié, sans retard, ont été chassés des propriétés qu'ils avaient fécondées de leurs sueurs.

« Oui, Messieurs, ils ont préféré tout cela plutôt que d'abaisser le salaire, de réduire à la misère les travailleurs, ces auxiliaires modestes, sans défense, mais qui n'avaient pas marchandé leur peine. »

Et c'est ce même homme, c'est ce même habitant, c'est ce même producteur dont vous parliez qui préférerait aujourd'hui un étranger à son compatriote !....

Écoutez, je n'ai jamais dit de parole vaine ici. Eh bien ! je vous déclare, comme j'ai eu déjà occasion de le dire, que si ce n'était pas l'insuffisance des bras indigènes agricoles qui obligeait à avoir recours à l'immigration, que si ç'avait été une inexplicable idée de substitution, je vous aurais devancé dans votre opinion, comme je vo ai devancés dans cette assemblée, car c'eût été une idée scélérate. Mais si c'est une nécessité qui s'impose pour maintenir nos exportations au niveau de nos importations et pour équilibrer notre balance commerciale, si c'est pour maintenir la colonie au rang agricole, industriel et commercial qu'elle occupe, vous seriez bien coupables de conduire votre pays tout à la fois à la décadence, à la ruine et à la misère. Ne savez-vous pas comme moi, du reste, que la colonie pourrait produire 50 mille boucauts de sucre de plus, s'il y avait un supplément de bras pour y suffire?

Jusqu'ici vous vous étiez bien peu préoccupés de la situation et des besoins de ce producteur, et ne voulant pas sans doute qu'il soit dit que vous avez voulu le sacrifier, vous vous mettez aussi à sa place, vous supputez ses charges, vous les trouvez lourdes et vous ne voulez pas non plus que cette concurrence de l'immigration l'écrase, eh bien ! préservez-le plutôt de votre bienveillance et laissez-lui la liberté de sauvegarder ses intérêts comme il l'entend.

Mais vous ajoutez : « Pour la colonie, sans être si écrasante, la charge n'est pas moins lourde, c'est par centaines de mille francs que nous mesurons les sacrifices qu'elle s'impose. »

Entendons-nous. L'immigrant ne coûte rien à la colonie. Arrivé ici, les frais de son introduction varient de 416 à 450 francs, selon le prix de l'affrètement du navire qui le transporte. Or, l'engagiste commence par verser trois cents francs avant d'avoir son travailleur. Puis les droits proportionnels, d'enregistrement, de mutation qu'il paye, complète le surplus. Quant aux frais de rapatriement, ils sont amplement compensés par la part de production de cet immigrant, sur laquelle la colonie perçoit l'impôt à la sortie, et par sa part contributive dans les droits de consommation à l'intérieur, et par les droits d'octroi de mer et de navigation sur les marchandises importées dans la colonie.

Une dernière observation, Messieurs, et je ne fatiguerai plus votre attention, d'autant que j'abrégerai, comme je l'ai fait jusqu'ici, en négligeant la partie oratoire du rapport.

Vous dites que le premier soin de la commission a été de repousser le crédit pour renouvellement des contrats expirés.

Pour la classification de la dépense, c'est votre droit d'accorder ou de refuser des subsides.

Mais vous ajoutez : « Quant à la dénonciation de la convention avec l'Angleterre, elle s'imposait, quelque opinion qu'on puisse avoir de la situation future. »

Ici vous sortez de vos attributions et vous empiétez sur celles du pouvoir métropolitain. Vous vous en emparez tellement que vous ne prenez pas même la peine d'émettre un vœu. Dans votre omnipotence, vous annulez un traité international de votre seule autorité, ou du moins vous croyez que votre volonté sera faite, sans vous inquiéter de l'opinion du pouvoir central, sans vous préoccuper non plus de l'assentiment des conseils généraux des autres colonies, et vous ne remarquez pas que dans notre sein même, vous n'avez qu'une majorité qui ne s'est formée, hélas ! qu'au dernier moment.

Dans votre précipitation et votre ardent désir d'atteindre votre but, vous ne prévoyez pas davantage l'éventualité où une épidémie, telle que le choléra, peut décimer notre population, comme cela a eu lieu à la Guadeloupe, et vous ne voudriez pas même laisser au malheureux producteur la faculté d'aller lui-même chercher des bras pour enlever sa récolte.

Enfin vous ne voulez pas clore votre argumentation sans revenir emphatiquement sur votre continuelle formule de la liberté du travail, la variant seulement pour repousser ou admettre la concurrence, selon les besoins de votre thèse, et vous invoquez cette fois l'exemple des pays civilisés. Eh bien ! est-ce que ce ne sont pas les Belges au Nord, les Piémontais au Sud, qui viennent faire une partie de la récolte de la France, et trouve-t-on à redire de cette concurrence ? Et les Allemands ne sont-ils pas dans toutes nos manufactures, à Paris même ?

Vous ne remarquez pas que nous ne sommes pas sur un continent où les communications sont faciles et où les populations se touchent. Est-ce que dans notre situation insulaire, un immigrant consentirait à s'expatrier sans un contrat qui lui garantisse un emploi assuré à son arrivée sur une terre étrangère ? C'est ce contrat qui est sa garantie et qui semble offusquer votre pointilleux amour de la liberté, et cependant nos propres compatriotes qui arrivent de France ici pour remplir un emploi spécial, n'ont-ils pas un contrat où les conventions sont stipulées ? Nos instituteurs n'ont-ils pas un engagement avec la colonie ? Pensez-vous que ceux-là ne se croient plus libres, parce qu'ils ont accepté des obligations qui forcément aliènent leur liberté pour un temps déterminé ?

L'immigrant fait-il autre chose dans l'Inde et ici quand son contrat est expiré ?

Messieurs, je crois avoir démontré toute l'inanité des

arguments contenus dans le rapport de la commission
financière et les conséquences déplorables qui en résulte-
raient pour la colonie si ses conclusions étaient adoptées ;
mais je ne puis mieux vous démontrer les funestes résultats
qu'elles auraient pour notre population agricole, qu'en
vous citant, sur cette même question, l'opinion d'un homme
considérable par sa compétence dans nos questions économiques, compétence dont il a fait preuve récemment encore
dans l'importante mission que notre colonie sœur lui avait
confiée et que son collègue et lui ont remplie, vous le savez,
avec une si grande distinction. Voici l'appréciation de
M. Monnerot à la chambre d'agriculture de la Guadeloupe
où se trouvait en ce moment l'un des députés de cette
colonie, M. Sarlat :

M. Sarlat, dit-il, a indiqué comme moyen d'amortir les effets de
la crise la suspension de l'immigration. Je dis que le moyen proposé
serait funeste au pays qui en serait profondément troublé et qui
ne s'en relèverait peut-être jamais. Je n'ai pas à rappeler les arguments pour ou contre l'immigration ; on les connaît, et ce serait
abuser inutilement de votre bienveillante attention que de les
énoncer. Mais je tiens à dire et à prouver que la suppression ou
même un arrêt prolongé de l'immigration aurait pour conséquence
l'abaissement des salaires. Je déclare que j'ai autant que qui que
ce soit souci des intérêts de nos compatriotes, et c'est en me
plaçant à leur point de vue que je considère comme indispensable
l'introduction dans le pays des travailleurs étrangers. Jetons les
yeux autour de nous et voyons ce qui se passe dans les îles voisines. A Saint-Christophe et à la Dominique, les salaires sont
tombés au taux dérisoire de 60 centimes par jour, et encore ne
travaille-t-on que deux ou trois jours par semaine. A Sainte-
Lucie on n'est pas plus favorisé. Cependant dans ces pays les
indigènes n'ont pas à soutenir la concurrence des bras étrangers ! Là où l'immigration existe, la situation est loin d'être
aussi lamentable. Voilà ce que démontrent les faits ; si on analyse,
si on demande à la raison de les expliquer, on arrive à cette
conclusion que les choses ne peuvent pas se passer autrement.
En effet, le prix de la main-d'œuvre comme celui de toutes choses
est réglé par la loi de *l'offre et de la demande*.

Les salaires sont d'autant plus élevés que le travail de l'ouvrier *est plus demandé ou moins offert*. Il est certain que dans
les premiers temps qui suivraient la cessation de l'immigration les

salaires hausseraient puisque le travail serait plus demandé ;
mais cette hausse des salaires ne serait que momentanée, car
elle aurait pour conséquence d'augmenter le prix de revient, et
l'employeur qui ne serait plus remboursé de ses dépenses ne tarderait pas à se décourager, cesserait de produire, aurait besoin
de moins de bras, et la main-d'œuvre étant moins *demandée*, les
salaires baisseraient ; c'est la nature des choses qui le veut ainsi.

La rareté des bras est chose essentiellement relative ; il n'y a
rareté que parce qu'il y a demande. Les bras, quelque peu nom-
breux qu'ils soient, ne sont jamais rares dans un pays où ils n'ont
pas d'emploi. Or, comme c'est le capital qui utilise la main-
d'œuvre, si le capital disparaît, la main-d'œuvre n'a plus de
valeur. C'est ce qui se passe dans les îles voisines que je viens
de citer. Qu'on prenne donc bien garde, en cherchant à réaliser
une hausse dans les salaires, de ne pas consommer la ruine de
notre industrie et de notre agriculture, car on sacrifierait en même
temps ceux-là même qu'on aurait voulu favoriser.

C'est le langage de la raison que l'expérience s'est
chargée de démontrer.

Par les considérations que je vous ai fait valoir, je conclus,
Messieurs, en vous proposant de repousser les propositions
de la majorité de la commission financière et de maintenir
celles de l'administration telles qu'elles figurent au budget.

M. O. DUQUESNAY: Messieurs, en prenant la parole
pour soutenir les conclusions du rapport de la commission
financière, j'ai pour devoir de répondre à M. Cadeau au
sujet des réserves qu'il a faites sur les votes émis par
cette commission.

Mon honorable collègue insinue qu'il n'a donné son adhé-
sion qu'aux propositions tendant à la suspension de l'introduction de travailleurs étrangers et de la prime de réengagement pour l'année prochaine, mais qu'il n'a pas entendu
voter la suppression définitive de l'immigration.

Qu'il me permette de lui dire qu'au sein de la commission, il n'a jamais manifesté une telle façon de voir, qu'au
contraire, il s'est rallié à toutes les propositions qui y ont
été acceptées. Et j'éprouve le besoin d'affirmer de nouveau
ici, comme je l'ai fait dans mon rapport, que toutes nos
décisions concernant l'immigration ont été prises à l'unanimité des membres présents. Cette affirmation ne sera
pas contestée. Cela dit, j'entre dans le vif de la question.

Messieurs, dans une affaire aussi importante que celle qui nous occupe, il est indispensable de bien fixer le point de la discussion, afin que chacun sache quel est le véritable débat entre nous, et que les responsabilités se dégagent clairement.

Jusqu'à présent, la question véritable, celle qu'a posée la commission financière, celle sur laquelle vous avez à vous prononcer, n'a pas été indiquée, encore moins abordée par les orateurs qui m'ont précédé. La discussion a été, par suite, singulièrement rapetissée.

N'avez-vous pas été surpris, comme moi, de voir M. de Thoré, un des plus anciens membres du conseil général, un des représentants les plus accrédités et des plus autorisés de l'industrie sucrière et de la vieille aristocratie terrienne, s'enfermer dans une discussion de détails, n'opposer aux raisons d'ordre général contenues dans le rapport, que des considérations d'intérêt personnel? Ce qui est en discussion, c'est la question du travail à la Martinique, du travail en général, sans considérations de personnes. C'est cette question que je vais essayer de traiter.

Ici, il est indispensable de remonter en arrière et de rechercher comment s'est fondée notre organisation actuelle du travail et pourquoi on l'a fondée. Il faut voir ce qu'était notre pays, quand on y a installé l'immigration, et si nous découvrons que le pays n'avait point besoin pour vivre et pour prospérer d'aucun régime exceptionnel, qu'au contraire, jamais le présent n'avait mieux répondu de l'avenir, que, par conséquent, l'intérêt général ne réclamait que la continuation du régime de liberté qui avait si bien réussi, nous pouvons conclure, avec M. de Thoré, que l'organisation nouvelle n'a été voulue que dans un intérêt inavouable, et, pour lui retourner son mot, que l'idée de l'immigration a été une idée « *scélérate.* »

M. DE THORÉ : Vous l'appliquez à rebours.

M. O. DUQUESNAY : Au lendemain de l'émancipation, il y eut dans ce pays une très courte période de désarroi, si courte qu'on peut dire qu'elle ne laissa pas de traces. Jamais, il faut le reconnaître, révolution plus radicale n'avait transformé plus vite un pays, et, chose étonnante, jamais transformation ne se fit d'une manière plus heureuse et plus rapide. A partir de l'affranchissement, nous entrons dans une ère de prospérité qui, de 1848 à 1853, n'a pas été interrompue. Ce qui est admirable, c'est que la liberté ne tarda pas un seul jour à porter ses fruits, et que le progrès matériel, la richesse publique se développèrent si rapidement que les colons s'en effrayèrent et se crurent menacés dans l'avenir.

Nous allons voir combien est juste le mot de M. de Thoré.

Nous sommes à la fin de 1852. Les colons au nombre de 40 se réunissent à Fort-de-France et déclarent que l'immigration indienne est indispensable au pays, que, sans elle, la ruine générale est certaine. Il n'y a pas de temps à perdre, il faut l'immigration tout de suite, autrement tout est perdu. Ils consignent leurs plaintes dans deux pétitions, l'une adresée à l'Empereur, l'autre au Ministre de la marine. Jamais tableau plus sinistre n'avait encore été fait de la Martinique; jamais, non plus, aveu plus naïf de leurs prétentions! Le pays, ils savent bien que loin de périr, il naît à une vie nouvelle; le travail, il existe, ils le savent, ils l'avoueront plus tard; la production sucrière, elle augmente depuis quatre ans; les impôts rentrent plus facilement; l'ordre est parfait. Oh! ils savent tout cela, et ils demandent un nouvel esclavage; ils réclament le secours des étrangers. Pourquoi? Pour faire baisser le salaire.

« La concurrence des bras, voilà ce qu'il faut au pays « où la terre ne manque pas à l'homme, mais l'homme à la « terre; la concurrence des bras pour ramener à un niveau « juste et convenable le taux exorbitant des salaires en « raison du peu de travail obtenu et des éventualités atta- « chées au prix du sucre, et doubler la production au moyen « d'une impulsion soutenue et intelligente. »

L'aveu est dépouillé d'artifice. Comme le dit plus tard l'amiral Vaillant, et aussi le Ministre de la marine, *la seule chose qui ressorte* de ces pétitions, c'est la volonté de combattre le créole par l'asiatique, de créer au citoyen libre de la Martinique une concurrence étrangère, d'autant plus dangereuse que, pour réduire le travailleur libre, on va se servir d'une sorte d'esclave. Et pourtant cet homme qu'on transforme en ennemi n'est pas exigeant, son salaire est *d'un franc* par jour, c'est uniquement pour le forcer à réclamer un peu moins, qu'on met tout en mouvement.

En dehors du salaire, quelle autre question pouvait légitimement préoccuper les propriétaires? Aucune, Messieurs.

En 1853, l'esprit le plus triste, le plus prévenu ne pouvait rien trouver dans la situation coloniale qui pût faire naître la moindre alarme, la moindre inquiétude. « Le présent n'a rien d'inquiétant, » avoue l'un des plus fervents apôtres de l'immigration. Ce qui les inquiète, c'est l'avenir.

Brusquement mis par la révolution en face de leurs anciens esclaves, ils ne peuvent s'habituer à leur position nouvelle. Ils n'ont pas confiance. Ils savent pourtant ce que peut faire l'homme libre, ils savent ce que c'est que la liberté; mais ils sont mal à l'aise, ils n'ont point confiance en eux-mêmes, et ils s'en prennent aux autres, ils les accusent, ils oublient tout depuis 1848; ils ne se souviennent que du temps de l'esclavage, et voulant y revenir, ils proclament que le pays est perdu.

Ah ! ne parlez pas de solidarité, personne n'a le droit de l'invoquer ici. Ceux qui s'étonnent de nous voir aujourd'hui prendre tant à cœur l'intérêt du faible, du travailleur, nous demandent au nom de la solidarité de ne pas oublier le propriétaire. Nous n'oublions personne, mais au nom du pays dont l'intérêt a été si souvent confondu avec l'intérêt personnel de quelques grands propriétaires, nous protestons contre l'œuvre des colons de 1853. Ils ont tout sacrifié à leur implacable égoïsme, le pays qu'ils ont calomnié, la justice et la liberté dont ils avaient peur, les travailleurs, la masse de ce peuple dont ils avaient tiré leur fortune et qui venait encore de les aider à la sauver. Ils ont surtout sacrifié l'avenir.

Eh ! Messieurs, n'est-ce pas justement l'avenir auquel ils voulaient porter atteinte? Les noms des membres de l'assemblée de Fort-de-France sont bien significatifs. M. Le Pelletier Duclary présidait, et qui donc tenait la plume? M. de Maynard ! Je me félicite de trouver ce nom au bas des pétitions que voici. Votre génération connaît M. de Maynard, elle peut juger l'œuvre par son auteur. Il ne s'est pas démenti depuis 1853, et par ce qu'il a fait depuis, nous pouvons affirmer que les souffrances de l'agriculture, la ruine du pays, toutes les exagérations contenues dans ce document n'étaient que des prétextes. Non, ce n'est pas l'agriculture qui était menacée, encore moins la richesse du pays. Ce ne sont pas les travailleurs qu'on demandait.

Le vieil esclavage disparu, leur suprématie séculaire, voilà réellement ce qui périssait; et sur ces ruines on voyait se dresser la génération nouvelle, ardente, laborieuse, c'était l'avenir qui se montrait à l'horizon.

Eh bien! on ne voulait pas que cette génération grandît, qu'elle fût suivie d'autres; on voulait l'étouffer dans son berceau, tuer dans l'œuf cet avenir qu'on sentait menaçant.

Les deux pétitions sont remises au Gouverneur, il s'en émeut; et dans la séance du conseil privé du 24 janvier 1853, il demande que les colons soient entendus. « La pétition, dit-il, peint la situation de la colonie sous des couleurs très lugubres, mais complètement fausses. Afin d'être guidé dans ses appréciations, il était nécessaire que le conseil privé pût entendre l'avis des habitants eux-mêmes. » En conséquence, MM. Le Pelletier Duclary, Wallée Clerc, Northumb de Percin, Bally et Desgrottes, tous grands propriétaires d'habitation, ont été appelés au conseil.

« M. le Gouverneur exprime devant ces messieurs tout le regret qu'il éprouve de ce que dans une ièce destinée à être mise sous les yeux de S. M. l'Empereur comme l'expression fidèle des vœux des colons, on n'ait pas craint d'avancer des faits tendant à donner une opinion si fausse sur la situation de la colonie et portant atteinte à la valeur réelle des propriétés....» (Je prie M. de Thoré de vouloir bien prendre acte de cette déclaration....) « Si des allégations de cette nature eussent reçu de la publicité, au lieu d'être *un objet d'envie, par sa prospérité commerciale et agricole, pour toutes les colonies voisines*, la Martinique eût paru digne de pitié; la confiance indispensable pour entretenir des relations commerciales eût disparu et les capitaux soit de France, soit d'Amérique, qu'il s'efforce d'attirer ici, eussent cessé d'y affluer. »

« En présence de ces deux factums, on devrait con-
« clure que les habitations sont en friche et sans cultiva-
« teurs, qu'elles ne peuvent plus se relever sans le prompt
« secours des Indiens, que la production va décroissant
« d'une manière désespérante et qu'enfin le pays est dans
« un état évident de décadence. »

Vous allez voir, Messieurs, avec quel soin jaloux ce haut fonctionnaire relève toutes ces allégations mensongères; il se livre lui-même à une enquête sévère, nous

n'avons qu'à y puiser les renseignements qui sont nécessaires à notre argumentation.

« Il résulte des documents fournis par M. le chef du service de la douane que les exportations en sucre ont été :

« Pour 1848 de.................... 18,125,948 kilogr.
———— 1849 de.................... 19,222,060
———— 1850 de.................... 15,068,980
———— 1851 de.................... 23,407,505
———— 1852 de.................... 26,115,577

« Et que les valeurs d'importation (commerce général) ont atteint le chiffre de :

« Pour 1848 de.................... 14,153,733 francs.
———— 1849 de.................... 16,524,306
———— 1850 de.................... 17,930,076
———— 1851 de.................... 21,536,567
———— 1852 de.................... 25,625,695

« Ainsi qu'il vient d'être démontré, continue M. le Gouverneur, il y a eu augmentation dans les exportations comme dans les importations ; en présence de ces résultats qu'on ne peut révoquer en doute, puisqu'ils s'appuient sur des chiffres positifs, authentiques, péremptoires, comment prouver la décadence progressive de la Martinique ? Mais cette thèse peut encore moins être soutenue en présence de la facilité avec laquelle l'impôt a été perçu pendant les dernières années et des chiffres élevés qu'ont atteints les recouvrements.

« Les recettes effectuées sur rôles se sont élevées :

« Pour l'exercice 1849 à............. 202,000 francs.
————————— 1850 à............. 281,000
————————— 1851 à............. 427,000
————————— 1852 à............. 451,000

« Ces chiffres parlent suffisamment et dispensent d'insister davantage sur cette assertion au moins inexacte, pour ne pas dire plus, de la décadence du pays. »

Ils étaient là, écoutant sans protestation ces sévères paroles du chef de la colonie :

« Pourquoi, leur dit-il, pourquoi demandez-vous l'immigration ?

« Les bras manquent-ils à l'agriculture ?

« Vos récoltes ont-elles diminué ?

« N'avez-vous pas peur de la concurrence que vous voulez

établir au travailleur créole, ne craignez-vous pas qu'elle puisse engendrer des rivalités dangereuses ?

« Ne risquez-vous pas, en introduisant dans la colonie de nouveaux bras, de perdre ceux que vous possédez déjà, et dont on ne saurait nier le travail ? »

Tous conviennent que le pays est tranquille, qu'il est en voie de prospérité, que les récoltes sont abondantes et croissent d'année en année.

« Avez-vous constaté, demande M. le Gouverneur à M. Desgrottes, une décroissance sensible dans les produits de votre habitation depuis 1848 ? »

Celui-ci répond « qu'au contraire, il a constamment obtenu de sensibles progrès, grâce au voisinage de l'usine, grâce aussi à la tâche dont il fait usage. »

« M. le Gouverneur demande si les propriétaires qui ont tous leurs moyens de fabrication dans de bonnes et suffisantes conditions augmenteraient leurs produits en augmentant le nombre de leurs cultivateurs.

« M. Desgrottes répond négativement, surtout en ce qui concerne les belles habitations du nord de l'île, celles-là ne pourraient guère augmenter leurs produits. »

M. Bally dépose dans le même sens.

« Alors, fait observer M. le Gouverneur, votre opinion est que les moyens de production et de fabrication ne sont pas en harmonie, et qu'on ne remédierait pas au mal en augmentant l'un sans l'autre. »

« Ce serait aggraver le mal, répond M. Bally, que d'ajouter au nombre des cultivateurs, sans en même temps accroître les moyens de fabrication. »

M. Wallée Clerc ne nie pas la prospérité actuelle de la colonie; mais tout en reconnaissant le chiffre de 52,232 barriques exportées l'année dernière, son aveuglement est tel qu'il ajoute que ce n'est là qu'une conquête sur le désordre et non le progrès.

M. le Gouverneur leur demande si les moyens de culture en usage présentent les meilleures conditions.

Tous reconnaissent que l'agriculture est encore dans l'enfance, que de grands perfectionnements peuvent y être introduits, que les animaux seraient d'une grande ressource, que la charrue serait utile, qu'on ignore l'art des engrais, enfin ils sont tous d'accord que, sans le secours de nouveaux travailleurs, on peut faire produire à la terre *un tiers en plus.*

Mais, Messieurs, j'arrive à une déposition très important, émanant d'un des hommes les plus considérables de l'époque, M. de Percin, qui a toujours été regardé par tous comme l'un des meilleurs et des plus intelligents agriculteurs de ce pays. Vous me pardonnerez, en raison de son importance, de vous la lire presque entièrement, et aussi parce qu'elle résume l'opinion de tous.

Interpellé par M. le Gouverneur, M. de Percin répond :

« Que dans la situation où se trouvait le pays en 1848, on ne se serait pas attendu à le voir ce qu'il est aujourd'hui, c'est chose incontestable, et la situation paraissait si désespérée qu'ils avaient abandonné leurs propriétés; mais ce qu'on ne saurait non plus nier, c'est que les bras manquent au travail régulier, c'est que les noirs tendent de plus en plus à s'y soustraire pour vivre à leur fantaisie; vingt-sept cultivateurs de l'habitation de Percin ont acheté des portions de terres, et il en a été de même sur d'autres points; ce qui fait craindre que les cultivateurs parvenant un jour à se créer une position, précaire à la vérité, mais suffisante en raison de leurs besoins modérés, n'abandonnent complètement les travaux des grandes propriétés. La situation actuelle n'aurait rien de bien effrayant en elle-même, si elle ne devait pas s'empirer, mais les tendances des noirs doivent naturellement inspirer des craintes *pour l'avenir.* »

M. de Percin confirme ce qui a été dit au sujet des difficultés de la fabrication : « Si dans les conditions actuelles on plantait davantage, on n'augmenterait en rien les produits, à moins de suppléer à l'insuffisance des bras par la puissance des machines. De là il suit que si l'on augmentait le nombre des travailleurs, il faudrait aussi augmenter les moyens de fabrication, afin qu'ils fussent en rapport avec les produits.

« Il affirme qu'en perfectionnant les travaux aratoires, au moyen des instruments et des animaux, on peut gagner un tiers en sus en diminuant les dépenses, il en a fait lui-même l'expérience. »

M. le Gouverneur lui demande si ses travailleurs ont réellement abandonné sa propriété. Il répond, « qu'effective-« ment beaucoup d'entre eux ont quitté l'habitation pour

« acheter des terres, car la plupart sont riches. Avant
« l'émancipation, il avait 50 travailleurs qui se trouvent
« aujourd'hui réduits à 30, mais il n'a pas à se plaindre de
« cet abandon, puisque ces mêmes travailleurs, quoique
« devenus propriétaires, viennent toujours chez lui quand
« il a besoin de bras. Aussi il y a chez lui plutôt augmen-
« tation que diminution de travailleurs. »

« Y a-t-il eu décroissance dans la production de votre
propriété depuis l'émancipation ? ajoute le Gouverneur. »

« M. de Percin demande à ne pas citer les résultats obte-
« nus par son habitation comme preuve qu'il y a eu accrois-
« sement dans les produits de la colonie depuis 1848. Il re-
« connaît que sa propriété se trouve dans une situation ex-
« ceptionnelle, qu'elle n'a jamais cessé de fonctionner; en
« ce moment il a renvoyé la plupart de ses cultivateurs,
« n'ayant rien à leur faire faire. »

Vous avez entendu les dépositions; j'ai peut-être abusé
de votre attention, mais il était bon de recueillir, de la
bouche même des colons, ces aveux précieux qui sont la
condamnation de cette immigration réclamée avec tant
d'insistance.

La prospérité du pays, nul ne la conteste; les bras ne
manquent pas, beaucoup de travailleurs sont devenus petits
propriétaires, mais ils sont restés à la disposition des
grandes exploitations voisines, trop heureux de pouvoir
augmenter, du salaire de la semaine, le bien-être de la case
qui vit à peine du fruit de la terre péniblement gagnée. Ils
viennent si bien, que M. de Percin est obligé de les renvoyer, parce qu'il n'a plus de travail à leur donner.

Ainsi donc, l'argument tiré du manque de bras tombe
de l'aveu même *des colons*.

Que venez-vous aujourd'hui le réveiller !

Qui donc avait produit cette récolte magnifique de 52,232
barriques ?

Vous êtes-vous demandé ce que représentait cette production ? De 1818 à 1852, pendant une période de 35 ans,
onze années seulement avaient donné un résultat égal ou
supérieur; la récolte de 1852 avait dépassé celles de vingt-
quatre années précédentes.

Ce qu'il y a de curieux, c'est qu'individuellement ils sont
satisfaits de leur production, mais chacun se dit excep-
tionnellement favorisé; il semble qu'il va y avoir un

déficit énorme dans l'exportation; non, l'exception est générale; les 52,000 barriques de sucre sont là pour attester
du travail abondant. Mais le travail libre a été trop rému-
nérateur pour les anciens esclaves; depuis 1848, ils ne
cessent d'acheter des portions de terres, ils constituent la
famille; ils tendent à se créer une sorte d'indépendance:
voilà ce qui porte ombrage aux colons, voilà ce qu'ils
veulent empêcher à tout prix !

M. de Thoré attribue à l'Indien l'augmentation constatée dans la production de 1852 à ce jour.

Au moyen des animaux et des instruments, vous dit
M. de Percin, on peut gagner un tiers en sus, tout en diminuant les dépenses. Cette opinion était celle de tous les
hommes capables, de tous ceux qui ont eu à s'occuper de
la question coloniale.

Ainsi, sans l'immigration, sans augmentation de dépense, on pouvait porter la production à 69,632 barriques ;
si à ces 69,632 barriques nous ajoutons le tiers du rende-
ment obtenu en plus par les usines, nous arrivons à la
production actuelle de 92,832 barriques.

Il n'est donc pas exact de rapporter à l'immigration
l'augmentation de la production; elle n'a eu qu'un résultat,
et c'est d'ailleurs le but qu'on s'était proposé: elle n'a été
qu'une substitution de travailleurs; en créant la concurrence des bras, elle a engendré la misère et le découragement pour le travailleur indigène. Ainsi se sont trouvées
réalisées les craintes de M. le Gouverneur de voir l'agriculture perdre, en partie, le secours des bras créoles.
Tous les colons avouaient que l'introduction de nouveaux
travailleurs serait une calamité, si on n'augmentait en
proportion les moyens de fabrication.

Ils vont peut-être commander des machines, transformer
leur outillage.

Erreur. Ils font venir d'abord des Indiens. Mais au moins
leur introduction va se faire progressivement; ils déclarent
que l'immigration faite sur une trop vaste échelle et en
masse produirait de funestes effets; ils sollicitent l'introduction de 20,000 coolies en quatre années: 20,000 créoles
qui demain seront sans emploi; 20,000 familles qui demain
n'auront pas de pain !

N'avais-je pas raison de vous dire que la situation économique fort grave d'aujourd'hui a été faite contre le
créole dans une intention *scélérate?*

M. de Thoré prétend que ce n'est pas restreindre la liberté du créole en établissant à côté de lui cet esclavage de l'Indien avec la réglementation du travail appliquée à la Martinique. Oui, parce que pour travailler il est obligé de se soumettre à des conditions incompatibles avec l'exercice de la liberté et contraires à sa dignité d'homme et de citoyen; sans cela, il n'y a pas de travail pour lui, vous préférez l'Indien; vous le menacez de l'Indien quand il ose demander un salaire plus équitable.

Vous osez dire que le travail est libre, mais vous oubliez donc que l'Indien qui abandonne l'habitation est considéré comme vagabond, ramené au propriétaire par la gendarmerie et condamné à donner deux journées de travail par chaque jour d'absence. Est-ce là ce que vous appelez la liberté du travail? Ou s'il y a erreur dans votre esprit, pourquoi ne vous réunissez-vous pas à nous pour la proclamer? Nous ne demandons que cela, rien que cela.

Proclamez la liberté du travail à la Martinique et l'immigration cesse d'être une concurrence déloyale, et alors vous pourrez l'entreprendre sous l'égide de la liberté. Sans la participation de la colonie et sans la protection de la loi, vous pourrez entreprendre telle immigration que vous voudrez sous le régime du droit commun.

Ah! il y aurait quelque grandeur pour vous, aujourd'hui mandataire du peuple, à venir confesser publiquement et avec une certaine autorité la faute de l'ancienne aristocratie coloniale, et nous demander, avec la suppression de l'immigration organisée par les pouvoirs publics, de vous aider à reconstituer le travail à la Martinique, tel que les républicains de 48 l'avaient voulu.

Le travail libre a toujours fait la fortune d'un pays. Vous venez tout à l'heure de citer un passage d'un discours que j'ai prononcé au conseil général dans la séance du 6 décembre 1882 au sujet de l'immigration, qui semble vous donner raison; mon opinion cependant ne s'est pas modifiée; voici ce que je vous disais :

« Je suis pour mon compte, Messieurs, très heureux que cette discussion se soit engagée, car elle va nous permettre de rechercher les bénéfices que nous procure l'immigration.

« Il ne s'agit pas de proclamer que l'immigration est la sauvegarde du pays, qu'elle rapporte beaucoup, que sans elle notre production serait dérisoire; il faut rechercher d'une manière exacte la plus-value de notre production depuis l'introduction des immigrants, étudier aussi les résultats obtenus dans les autres colonies, et enfin comparer nos situations respectives à ces diverses époques. Ainsi nous sortirons du domaine des déclarations platoniques pour entrer dans la discussion sérieuse et féconde. Permettez-moi donc, Messieurs, de vous mettre quelques chiffres sous les yeux et de dégager la question de l'immigration des hors-d'œuvre dont on l'embarrasse inutilement, je vous laisserai le soin de conclure.

« La Réunion a 260,000 hectares de superficie, dont 43,652 cultivés en cannes à sucre; elle compte 66,000 immigrants et une population qui était, en 1879, de 176,648 âmes.

« La Guadeloupe, avec ses dépendances, a 184,851 hectares de superficie, dont 24,000 cultivés en cannes; elle compte 26,000 immigrants et une population de 184,876 habitants.

« La Martinique a une superficie de 98,782 hectares, dont 19,364 cultivés en cannes; elle n'a que 13,000 immigrants et 161,995 habitants.

« Quelle a été leur production dans ces dernières années?

	RÉUNION.		GUADELOUPE.		MARTINIQUE.	
	Sucre.	Vanille.	Sucre.	Rhum et Tafia.	Sucre.	Rhum et Tafia.
	Kil.	Kil.	Kil.	Lit.	Kil.	Lit.
1875......	32,176,135	1,875,783	48,031,876	2,303,079	50,526,257	7,287,927
1876......	35,449,650	1,669,269	35,469,703	1,503,154	38,845,029	6,462,911
1877......	34,212,957	910,698	43,211,742	2,197,483	40,502,072	6,672,238
1878......	40,580,000	820,857	48,118,126	2,627,798	44,218,138	7,808,106
1879......	21,610,265	1,601,308	47,631,960	2,645,137	46,869,025	8,927,615
1880......	20,815,321	436,408	41,822,107	1,552,635	38,592,221	8,011,353
1881......	"	"	42,276,465	1,501,512	42,090,221	8,633,128

« En 1876, la Réunion produisait 35,449,650 kilogrammes de sucre et 1,669,269 kilogrammes de vanille; la Guadeloupe, 35,469,703 kilogrammes de sucre et 1,503,154 litres de tafia ou rhum; la Martinique, 38,545,029 kilogrammes de sucre et 6,462,911 litres de tafia; plus de sucre que les deux autres colonies, quoiqu'ayant deux fois moins d'immigrants que la Guadeloupe et cinq fois moins que la Réunion, sans tenir compte de la production considérable de rhum et tafia dont une grande partie est due à la fermentation directe du jus de canne. Et ce résultat, Messieurs, a été obtenu avec 19,364 hectares seulement de culture, tandis qu'à la Réunion 43,672 hectares, à la Guadeloupe 24,000 hectares avaient été affectés à cette plantation.

« Est-ce que ces comparaisons ne vous font pas toucher du doigt, Messieurs, la valeur du travail libre ? Les sacrifices que la Guadeloupe et la Réunion se sont imposés pour l'immigration sont-ils compensés par la production en sucre de ces colonies ? Évidemment non ! Puisque nous, avec nos bras libres, nous produisons presque autant que ces deux colonies.

« Je ne veux pas remonter avant 1848, Messieurs, les chiffres seraient trop éloquents.

« Recherchons à quoi nous pouvons attribuer la belle production de notre pays. Notre mode de fabrication est-il plus perfectionné que celui de la Guadeloupe et de la Réunion ? Non ! Le temps ici est-il plus favorable que dans ces deux colonies ? Non ! C'est donc au travail libre seul que cette situation est due. Voyez la production des pays libres. Comparez la production de la France, il y a de cela cent ans, avec celle qu'on constate depuis que le paysan a le droit de travailler pour son propre compte !

« Oui, Messieurs, le travail libre, voilà la cause de notre richesse.

« On a beau vouloir jeter la déconsidération sur notre population agricole, on aura beau vouloir nous faire passer pour des vagabonds, des paresseux, on ne donnera pas le change aux esprits sérieux et dévoués aux intérêts du pays.

« C'est à l'énergie, à l'activité du travailleur créole…. de tous, employeurs et employés, maîtres, colons, cultivateurs, que notre beau pays doit sa prospérité.

« On vous dira peut-être que l'usine est pour beaucoup dans cette situation privilégiée.

« Détrompez-vous, Messieurs; dans le principe l'usine, loin d'être une source de prospérité pour notre pays, a failli compromettre la fortune publique; et je m'explique. Au début de la création des usines, l'engouement a été tel qu'on n'a pas assez sauvegardé, défendu les intérêts du propriétaire, du travailleur, en un mot, de la culture. On a trop oublié que l'usine n'était pas constituée seulement par le capital, mais qu'elle était née du besoin de grouper trois intérêts également chers et leur donner une égale satisfaction, trois facteurs concourent également à la formation de l'usine : le capital, la propriété, le travail. Qu'avons-nous vu, que s'est-il passé à la création des premières usines? Le capital a absorbé la part des deux autres facteurs. Ah! Messieurs, permettez-moi de m'enorgueillir du spectacle dont nous avons été témoins. Nous avons vu les propriétaires abandonner à leurs travailleurs la part modique que leur laissait l'usine. Nous avons assisté à cette lutte héroïque; ils ont été ruinés, dépossédés; les hommes les plus considérables, les plus respectés, sans pitié, sans retard, ont été chassés des propriétés qu'ils avaient fécondées de leurs sueurs.

« Oui, Messieurs, ils ont préféré tout cela plutôt que d'abaisser le salaire, de réduire à la misère les travailleurs, ces auxiliaires modestes sans défense, mais qui n'avaient pas marchandé leur peine.

« Aujourd'hui, Messieurs, la situation a changé, et nous voyons l'usine mieux inspirée faire une part plus large à la propriété et au travail. Eh bien! j'ose affirmer que dans cette nouvelle voie, la production du pays, stimulée par des bénéfices raisonnables, va prendre un nouvel essor, et sans l'aide du travailleur indien, avec nos seuls bras, nous arriverons à accroître notre fabrication d'une façon considérable.

« Je conclus donc, Messieurs, en disant que je ne vois pas l'utilité d'introduire de nouveau des immigrants dans le pays. »

La suppression de l'immigration, a avancé M. de Thoré, aurait pour conséquence de livrer la colonie à l'usine qui ne tarderait pas à être maîtresse des habitations.

La Réunion a fait de l'immigration en masse, elle a eu jusqu'à 70,000 immigrants engagés; la Réunion aujourd'hui appartient au crédit foncier colonial; à côté de nous, la Guadeloupe a introduit le double des travailleurs que nous, les trois quarts des habitations appartiennent maintenant aux usines. Ces exemples ne vous suffisent pas, vous voulez encore contracter avec des étrangers pour un salaire que vous ne pouvez pas payer, qui ruine le pays.

Il est temps de nous sauver, nous le pouvons encore, nous avons eu la sagesse depuis plusieurs années de modérer le courant de l'immigration, aujourd'hui il faut l'arrêter, demain il serait trop tard.

Vous nous reprochez notre susceptibilité pour le travailleur créole; vous ne sentez donc pas que notre cause est commune, car en les frappant c'est nous qu'on a voulu viser, c'est l'avenir qu'on a voulu atteindre.

Autant je m'enorgueillissais en 1882 de la conduite des habitants à l'égard du travailleur, préférant la misère à l'abaissement du salaire, autant je suis confus de voir ces mêmes habitants réduire le salaire indigène à 75 centimes à côté de l'étranger qui touche 1 fr. 50 cent., faire supporter au créole presque toute la différence du prix du sucre.

Mais je prie le conseil de vouloir bien renvoyer à demain la suite de la discussion. Je me réserve de vous démontrer que c'est, en effet, le travailleur créole qui supporte la plus lourde part de la crise sucrière.

Vu l'heure avancée, et l'orateur étant fatigué, le conseil renvoie à demain matin la continuation de la discussion

---

12ᵉ SÉANCE, DU 18 DÉCEMBRE

Présidence de M. Agricole.

Fin de la discussion sur l'immigration.

M. Osman Duquesnay a la parole.

M. O. Duquesnay : J'ai promis de vous démontrer que le travailleur créole supportait la plus lourde part de la perte occasionnée par la baisse du prix du sucre.

Personne ne me contestera le chiffre de 95 francs comme minimum du salaire dépensé par millier de sucre, au taux de 1 fr. 50 représentant le minimum de la journée de l'Indien. Vous avez abaissé le seul salaire indigène à 75 centimes, c'est donc 47 fr. 50 de perte que supporte le créole, c'est

47 fr. 50 de prime qu'il donne à l'habitant par millier de sucre; c'est là un bénéfice net réalisé immédiatement par le propriétaire. Et cependant vous n'êtes pas contents, vous demandez de nouveaux dégrèvements qu'il devra encore supporter pour une large part. Je dis que vous avez mal agi, car il ne vous est jamais venu à la pensée de le faire participer aux gros bénéfices réalisés dans les années de prospérité.

Voilà l'immigration dans sa hideuse nudité. Au risque de mourir de faim, le créole est obligé de travailler pour 75 centimes par jour; et encore, rivé à l'Indien qui le ruine, le propriétaire est contraint de lui donner du travail; il ne peut pas chômer, tous les jours l'immigrant lui réclame 1 fr. 50 qu'il s'est obligé par contrat à lui payer. Et comme la misère est grande, que l'argent manque à la culture, il ne peut pas employer l'ouvrier créole qui, cependant, lui coûte deux fois moins; à peine si, dans quelques localités, il trouve à travailler deux ou trois jours dans la semaine.

Quel retour des choses! L'immigration en est arrivée à ruiner l'habitant, tout en affamant le travailleur créole: elle crée la misère pour tous. Ce n'est pas cette égalité que nous avions rêvée.

Et cette situation ne vous émeut pas! Quel est donc cet aveuglement! Quelle fascination exerce sur vous la grande propriété, pour vouloir ainsi votre ruine avec celle du pays tout entier!

J'ai entendu hier mon collègue Bélus, dont j'apprécie beaucoup le tact et la modération, nous offrir comme exemple l'immigration dans les colonies anglaises. On nous oppose souvent l'exemple des colonies étrangères, sans s'être bien rendu compte de ce qui s'y passe réellement. J'ai voulu me renseigner, et à ce propos, permettez-moi de vous citer un passage d'un rapport fameux adressé, en 1847, par M. Boutan au Ministre de la marine.

On était à la veille de l'émancipation, on sentait que l'esclavage avait vécu. La liberté pour tous était devenue une nécessité.

M. le Ministre de la marine, soucieux des intérêts coloniaux, inquiet peut-être du désarroi, conséquence inévitable d'un changement social aussi considérable, qu'entraînerait l'acte d'abolition, envoya M. Boutan, économiste distingué étudier dans les différentes colonies, tant françaises qu'étrangères, les différents systèmes du travail qui y étaient suivis :

« Les ouvriers Européens doivent être appelés aux colonies, moins pour augmenter le nombre de travailleurs que pour y apporter l'usage des méthodes perfectionnées d'agriculture, qu'ils propageront aisément parmi les noirs.

« Les colons sont imbus d'une idée bien fausse, lorsqu'ils prétendent qu'ils manquent de bras. Sans doute, quelques-uns d'entre eux dont les maladies, les mauvais soins, le découragement, ou bien une position désespérée, ont détruit les ateliers, peuvent faire entendre des plaintes, mais pris en masse, les travailleurs actuels suffiraient parfaitement à cultiver les domaines exploités depuis un grand nombre d'années.

« On peut, très facilement, tripler, au moyen des animaux, les forces existantes qui concourent au travail, en prenant le soin d'employer le plus possible l'homme comme intelligence.

« Il faut très certainement introduire des travailleurs sur une certaine échelle, mais au point de vue, non de créer la concurrence, qui n'aurait d'autre but que de faire baisser le prix du travail, mais bien d'accroître l'étendue d'exploitation, et d'exécuter et de propager les nouvelles méthodes de culture. Telle est, d'ailleurs, l'opinion des colons anglais les plus sensés : ils reconnaissent que c'est une grande faute que d'avoir supposé que la concurrence augmenterait le travail et diminuerait le prix du salaire ; l'expérience le prouve. Il importait bien mieux de porter tous ses soins vers l'amélioration des modes de culture, et d'exciter les travailleurs à augmenter leur intelligence, leur adresse, pour obtenir, relativement au nombre, la plus grande masse de travail. Alors, on pouvait payer un prix très élevé, ce qui était le meilleur stimulant et le plus sûr moyen de maintenir au travail les populations affranchies, et d'améliorer à un haut degré leur position morale et matérielle. »

Vous le voyez, il résulte de ce document que les colons anglais, plus intelligents que les nôtres, n'ont jamais cherché à créer la concurrence des bras pour faire baisser le prix du travail, mais à perfectionner leur genre de culture et à remplacer le nombre des bras par l'intelligence des travailleurs.

Comme M. de Percin, M. Boutan affirme que l'on peut facilement tripler, au moyen des animaux, les forces existantes qui[n] cocourent au travail.

Au 1er janvier 1882, Messieurs, 5,216 immigrants engagés sont employés à la culture; 3,782 sont occupés dans l'arrondissement du Nord, et 1,424 seulement dans celui du Sud.

C'est dans le Nord que le salaire est maintenu à 1 franc, tandis qu'il augmente sensiblement dans le Sud. C'est que dans cette partie de l'île, les propriétaires sont eux-mêmes à la tête de leurs exploitations, qu'ils ont cherché à réaliser la pensée de M. Boutan. Ne pouvant acheter l'Indien comme le riche propriétaire du Nord qui se contente de dépenser largement en France les revenus que lui donne son géreur, l'habitant du Sud a mis plus d'intelligence dans la culture, il a établi le colonage partiaire et ainsi a admis le travailleur à participer aux bénéfices de l'habitation; il a séparé la plantation de la fabrication, il a créé l'usine centrale; les améliorations les plus considérables sont apportées dans la culture; tout le monde a nommé M. Octave Hayot, un des habitants des plus intelligents et des plus actifs de notre pays, qui, dans le Sud, a fait une véritable révolution par ses découvertes culturales.

Ce n'est plus le vaste champ avec ses grandes quantités de cannes avortées où la sélection n'a jamais passé, mais l'intensité de la culture dans un espace déterminé qu'on doit aujourd'hui réaliser.

N'est-ce pas au travail libre, à l'intelligence appliquée à l'agriculture et suppléant au nombre des bras, qu'est due la production du Sud? Je ne suppose pas que mes honorables contradicteurs veuillent établir qu'elle est le fruit de l'immigration, des 1,424 Indiens qui y sont employés.

Je relève un aveu précieux dans le discours de M. de Thoré: il nous a dit hier que la crise actuelle provenait de ce que le pays n'avait pas de réserve, qu'il manquait 8 millions à l'agriculture. Ce ne sont pas 8 millions, c'est toute l'épargne de la colonie depuis 15 ans qui s'est engloutie dans les coffres de quelques industriels et capitalistes, ce sont les premiers dividendes de 25 et 50 pour 100 que l'agriculture a distribués aux actionnaires d'usine, c'est aux 20 et 30 millions qui sont sortis de la circulation sans profit pour le pays et qui sont allés s'abriter ailleurs qu'est due en grande partie la crise actuelle. Vous avez raison, cette fois, toute notre épargne a été dévorée.

M. de Thoré nous a parlé de la légitimité de la concurrence, et il cite comme exemple la concurrence des Allemands aux ouvriers parisiens, celle des Suisses aux Lyonnais; nous ne défendons pas cette concurrence libre qui se fait sous l'empire du droit commun; mais je ne sache pas que Paris ni Lyon aient jamais organisé cette concurrence, aient jamais voté une prime d'introduction aux travailleurs étrangers.

Restons, je vous prie, dans la question; nous sommes pour la liberté du travail, pour la liberté des contrats, nous admettons la concurrence libre sous la protection de la loi. Nous sommes contraires à toutes réglementations, à toutes organisations spéciales du travail, à toute immigration qui n'aurait pour but que l'abaissement des salaires.

On a dit, pour défendre l'immigration, que le créole était paresseux; suivant les besoins de la cause, il est tantôt le meilleur travailleur, tantôt le plus mauvais.

Ecoutez, Messieurs, ce que dit du noir M. Boutan que j'ai cité tout à l'heure, c'est un esprit éminent et désintéressé dont les opinions ne peuvent être suspectées :

« La race noire a été calomniée ; elle n'est nullement paresseuse ; elle est fort intelligente, on ne peut plus maniable, et, il faut le dire à sa louange, l'esclavage n'a pu lui enlever tous les bons penchants que Dieu lui a départis. Les noirs ont de la défiance , ce n'est pas sans raison, cela est fort naturel ; elle était inévitable par suite de l'antagonisme qu'a dû amener l'oppression plus ou moins fondée du maître. La mobilité d'imagination , qu'on leur reproche encore, tient à leur riche nature, et aussi à l'insouciance de toutes choses, que l'on a développée en eux autant que possible. Il est facile de remédier au premier de ces inconvénients et de tirer bon parti du second. »

Nous aussi, nous pouvons vous reprocher aujourd'hui les défauts que vous avez fait naître en eux; je m'adresse à ceux qui, depuis 1852 jusqu'aujourd'hui, n'ont pas cessé de demander l'immigration.

Vous avez tout fait pour les réduire au désespoir, à ce désespoir qui engendre l'indifférence.

De 1848 à 1853, ils se sont rapidement élevés, d'esclaves ils sont devenus propriétaires. Mais depuis l'immigration, ils n'ont plus acheté de terres; vous les avez presque chassés de leur pays.

En 1852, vous étiez les maîtres, vous avez violemment

divorcé avec le travailleur créole.' Aujourd'hui, avec le suffrage universel, ce travailleur est représenté, il est souverain; il veut en finir avec l'immigration, avec cette concurrence déloyale que vous lui faites et qu'il paye; sa volonté est formelle et sera respectée. Il n'est pas possible que cette situation faite entièrement contre lui puisse subsister encore.

Au besoin, il viendrait lui-même ici faire cette besogne.

Peut-être quelques intérêts souffriront momentanément de la suppression de l'immigration, mais le pays ne peut pas s'attarder plus longtemps à vous plaindre. Les ouvriers créoles ne désespèrent pas de l'avenir de leur pays, eux! depuis trop longtemps on leur a barré le passage. Envers et contre tous, ils ont pris la place qui leur revenait, et nous ne saurions maintenir un système déloyal organisé contre eux.

M. BÉLUS: En prenant la parole hier, Messieurs, sur la question qui nous occupe, je ne m'attendais pas à une discussion aussi solennelle que celle à laquelle nous avons assisté, et je ne savais pas surtout qu'on tendrait à établir qu'il existe ici deux catégories de personnes : l'une prônant l'avilissement du salaire, l'autre réclamant à hauts cris son élévation ; l'une demandant l'introduction en 1885 d'immigrants et l'autre repoussant tout crédit à cet effet.

On s'est donné beaucoup de peine, permettez-moi l'expression, pour enfoncer une porte ouverte, car, comme je vous le disais hier, nul d'entre nous ne songe à voter la somme nécessaire pour introduire des Indiens dans la colonie ni l'année prochaine, ni les années suivantes, si les circonstances ne changent pas.

Arrière, Messieurs, toutes les fausses insinuations qui, depuis hier, cherchent à se faire jour dans cette discussion.

Comment admettre, en effet, que l'homme rural, celui qui toujours vit avec le travailleur créole, viendrait ici plaider contre lui, tandis que ceux qui ne le voient pas à la peine voudraient, pour les besoins de la cause, se faire ses protecteurs?

Vous avez entendu trois conseillers, Messieurs, trois de ceux qu'on appelle partisans de l'immigration: unanimement ils vous ont dit: Nous partageons l'opinion de la commission financière quand elle vous propose la suspension de tout convoi d'immigrants et la suppression de la

prime de réengagements, mais nous vous prions de ne pas
dénoncer le traité, car à un moment donné la colonie rede-
viendra prospère et l'agriculture aura alors besoin de bras
étrangers.

La prospérité d'un pays, Messieurs, profite à tous. Ici,
tous les intérêts sont liés à l'agriculture : elle représente
l'estomac ; l'industrie et le commerce en sont les membres :
vous connaissez tous la fable.....

Ne croyez pas que l'immigration ait en rien diminué la
richesse du pays ; au contraire, elle l'a augmentée : l'avilissement du prix du sucre est la seule cause de la crise que
nous traversons et qui, j'aime à l'espérer, ne tardera pas à
cesser.

Et quand vous aurez demandé à M. le Ministre de dénoncer le traité, quand vous aurez proscrit l'immigration,
qu'arrivera-t-il ? Le cultivateur créole aura du travail,
dites-vous ; je vous le concède.

Mais n'y a-t-il pas à côté du cultivateur bien d'autres
classes d'artisans qu'on semble méconnaître, qui sont aussi
dignes d'intérêt et au bien-être desquels l'immigration
contribue ?

Les immigrants disparaissant, la production étant moindre, l'usine ayant un personnel plus restreint, donnerez-
vous du travail à ces malheureux ouvriers qui ne seront
plus employés ?....

Le tonnelier de la place Bertin se plaint-il de la concurrence de l'Indien ?...

L'immigrant fait-il concurrence à la malheureuse ou-
vrière qui vit de son aiguille ?

Au contraire, ces artisans gagnent leur vie, en raison
directe de la production.

A la campagne, Messieurs, l'Indien fait produire un
grand nombre de propriétés qui, sans son secours, ne pro-
duiraient pas, leur grand éloignement des centres de population mettant le cultivateur créole dans l'impossibilité
d'y aller travailler..... Voyez-vous là une concurrence
quelconque ?

Sur les autres habitations, que fait l'Indien ? il aide l'habitant à agrandir sa culture : la plantation se faisant à la
ligne, le travail doit se faire à la journée ; plus tard, le
créole est libre de venir demander de l'ouvrage, il trouve
un champ planté, on lui donne des tâches, il n'a qu'à sarcler..

le gros du travail lui a déjà été préparé par l'Indien. Ici encore, où voyez-vous une concurrence établie?...

Mais du rapport de M. Boutan même dont on a tant fait état, ne résulte-t-il pas qu'il reconnaît, dès 1847, l'utilité de l'introduction d'immigrants dans la colonie?

Que s'est-il passé depuis?

Il ne s'agit pas ici de se poser en défenseur de la liberté et de sembler dire que nous en sommes les détracteurs. Il ne s'agit pas de sembler faire du libéralisme. Non, nous sommes tous tout aussi libéraux les uns que les autres, quoiqu'étant d'opinion différente dans cette question qui, certes, ne doit pas être traitée à la légère, car elle embrasse tous les intérêts du pays.

Que s'est-il passé, ai-je dit, depuis 1847?

A notre grande satisfaction, depuis lors, chaque jour le niveau intellectuel s'élève; laissons la liberté à tous; à ceux qui veulent être hommes de lettres, de bureau, ne ménageons pas notre aide, c'est notre devoir; mais protégeons aussi l'agriculture et ne tarissons pas la source qui lui permet de vivre.

Vous avez exhumé l'opinion des vieux colons de 1852, ils sont presque tous morts; à quoi bon évoquer leur ombre dans une question purement économique et qui ne doit revêtir aucun caractère politique?

En 1852, dites-vous, le pays produisait 52,000 barriques de sucres et le salaire était à un franc; nous sommes en 1881 et la production a doublé; les travailleurs étrangers étaient donc nécessaires, puisqu'en augmentant notre budget des recettes, ils nous ont permis de faire des largesses dont chacun a profité.

Que j'ajoute que le salaire d'un franc a été toujours *crescendo* et que ce n'est que la crise actuelle qui l'a fait diminuer.

En terminant, Messieurs, je tiens à cœur de me récrier contre cette antipathie qu'on semble avoir pour les usines.

Sait-on combien les usines font du bien à une grande partie de la population en lui procurant du travail en rapport avec les aptitudes de chacun?

Sait-on quel grand nombre d'ouvriers elles emploient, soit à la fabrication, soit comme manœuvres aux chemins de fer, aux chalands, lesquels ouvriers gagnent trois et quatre francs par jour?

Qu'on ne croie pas qu'ils prendront une houe ; ils endos-
seront leur blouse bleue et iront à l'usine, mais ils n'iront
pas aux champs.

J'ai fini, Messieurs, et j'aime à croire que j'ai été assez
précis pour que tout le monde m'ait compris.

M. F. BERNARD : Je suis très ému, Messieurs, de la
discussion solennelle qui, depuis hier, se déroule dans cette
enceinte ; j'ai entendu tous les orateurs et je viens vous
dire que je partage en tous points l'avis de M. Bélus. Il
vous a tout dit ; cependant, en ma qualité de représentant du cultivateur au sein du conseil, je dois vous ajouter
que vous ne devez pas supprimer l'immigration. Il demande à monter, Messieurs, à avoir sa place ici, et si
vous faites disparaître l'immigration, cette instruction que
vous semblez vouloir lui donner, il ne pourra pas en pro-
fiter, il sera arrêté dans sa marche, il ne pourra pas
monter.

Je l'ai consulté et je vous dis : ajournez l'immigration ;
mais par charité ne la supprimez pas

Je suis ici le seul cultivateur et son unique représentant......

Plusieurs membres protestent et demandent le rappel
à l'ordre de M. F. Bernard.

M. LE PRÉSIDENT : Monsieur Bernard, je proteste tant
en mon nom qu'au nom du conseil contre les insinuations
regrettables que vous venez de faire. Nous sommes tous
ici représentants du pays, par conséquent de l'intéres-
sante classe des cultivateurs dont vous semblez réclamer
le monopole de la protection.

M. F. BERNARD : Je suis le seul ici qui représente la
population noire.

(De nombreuses protestations partent de tous les bancs
de l'assemblée.)

M. MONVERT : Mais elle ne veut pas de vous !....

M. O. DUQUESNAY : Je suis plus que vous représentant
des nègres, Monsieur, et je dirai même : je suis plus nègre
que vous !

M. TH. ROY : Et j'ajouterai que s'il y a dans cette

enceinte un conseiller qui ne soit pas nègre et qui ne le représente pas, c'est vous, Monsieur François Bernard.

M. F. BERNARD : Je représente toutes les classes : j'ai voulu vous faire comprendre que le noir voulait monter et avoir sa place ici, si vous ne m'avez pas compris, c'est tant pis.

M. LE PRÉSIDENT : L'incident est clos. Monsieur Clavius Marius, vous avez la parole.

M. CLAVIUS MARIUS : Après tous les développements donnés par M. Duquesnay, il peut paraître superflu de prendre encore la parole dans cette discussion ; mais l'intervention de M. François Bernard dans ce débat me fait un devoir d'élever la voix pour protester contre les insinuations malveillantes qu'il a lancées.

Il faut le reconnaître, on a pendant trop longtemps envisagé la question de l'immigration au point de vue des intérêts des propriétaires, oubliant que la voix des cultivateurs devait aussi être entendue dans le débat. Leurs intérêts peuvent-ils donc être méconnus ?

Pour tous ceux que les grands mots ne trompent pas et qui s'attachent surtout au fond des choses, il ne saurait y avoir d'hésitation à reconnaître qu'on a toujours soutenu et qu'on soutient encore l'immigration par les mêmes arguments, les mêmes moyens qui ont pendant si longtemps servi à faire durer l'esclavage. L'intérêt de la production, le souci de défendre quand même les propriétaires, semblent devoir tout primer. On ne veut même pas rechercher si au-dessus de ces intérêts particuliers il n'y a pas un intérêt général, celui de la justice, complètement sacrifié à des considérations qui, malgré toute leur valeur relative, n'ont pas assez d'autorité pour légitimer la violation de ce que j'appellerai un droit naturel : le droit au travail libre.

Eh bien ! je le dis hautement, dans un pays qui est une des parties de la grande France républicaine, il ne saurait y avoir de régime d'exception. Et ce n'est pas un conseil général démocratique, issu du suffrage populaire et qui n'aurait pas de raison d'être s'il trahissait son origine, ce n'est pas une assemblée républicaine qui peut souffrir plus longtemps le maintien de l'ancien ordre de choses. Quand de pareilles questions sont posées devant le pays, le devoir de tous est de leur donner une solution conforme aux principes de justice et d'équité qui sont le fondement même du droit moderne.

L'organisation actuelle de l'immigration n'a qu'un but: maintenir par l'intervention de l'administration l'abaissement des salaires, employer les ressources publiques, l'argent du plus grand nombre au profit de quelques individualités, qui, malgré toute la bienveillance à laquelle elles ont droit, ne peuvent prétendre à un injuste appui. Un gouvernement républicain n'a pas à soutenir les uns au détriment des autres; et du moment qu'il lui est démontré que son intervention est préjudiciable et fausse l'application de cette grande loi de la liberté du travail, son devoir est tout tracé. Et c'est pour cela que le système d'immigration, consacré par une législation draconienne, toute au profit de quelques-uns, doit disparaître pour faire place à un régime de liberté, à ce régime qui n'est d'ailleurs que le droit commun de la métropole. Ce qui est juste en France ne saurait être injuste à la Martinique. Le temps n'est plus des pays d'exception, où la morale et le droit varient avec les climats.

Au surplus, le but poursuivi par la création de l'immigration était trop bien défini, avoué et reconnu par ceux qui détenaient alors le pouvoir pour que nous puissions hésiter. On a voulu arrêter le mouvement qui se produisait dans la population récemment affranchie, dans tout l'enthousiasme de la liberté, avec l'expansion puissante de forces nouvellement acquises. La population affranchie aspirait à l'indépendance; il fallait la retenir et l'empêcher de s'élancer dans cette voie nouvelle; à l'affranchissement par la loi, elle allait ajouter l'affranchissement par le travail, la liberté assurée par l'acquisition de la propriété; l'ancien esclave allait, lui aussi, devenir propriétaire.

C'était dangereux, aussi entendez ces plaintes d'un grand propriétaire:

« Les bras manquent au travail régulier, les noirs tendent de plus en plus à s'y soustraire pour vivre à leur fantaisie, 27 cultivateurs de l'habitation de Percin ont acheté des portions de terre et il en a été de même sur d'autres points de la colonie, ce qui fait craindre que les cultivateurs, parvenant un jour à se créer une position, précaire à la vérité, mais suffisante en raison de leurs besoins modérés, n'abandonnent complètement les travaux des grandes propriétés.

La situation actuelle n'aurait rien de bien effrayant en elle-
même, si elle ne devait pas s'empirer, mais les tendances
des noirs doivent naturellement inspirer des craintes pour
l'avenir. »

Vous le voyez, Messieurs, l'aveu est clair et bien expli-
cite; ce que l'on craint, ce sont les tendances des noirs; ils
achètent des terres; au lendemain de l'esclavage, l'épargne
leur a déjà permis de se créer une petite position, *précaire
à la vérité, mais suffisante en raison de leurs besoins modérés*. L'avenir est gros de menaces.... et l'immigration
est établie.

Cette simple citation n'est-elle pas la réponse la plus
éloquente à M. François Bernard, qui veut avoir le monopole de la représentation des noirs et qui cependant défend
leurs intérêts comme s'il était un de leurs pires ennemis?

Comment! c'est au nom de nos travailleurs des champs
que l'on vient demander ici le maintien de l'immigration!
Et, pour légitimer une pareille demande, on ose nous
affirmer que vouloir l'immigration, c'est vouloir condamner
le nègre à l'abaissement et l'attacher à la glèbe!

Allons donc! est-ce que dans aucun pays du monde,
excepté dans les pays d'esclavage, le travail de la terre
est considéré comme œuvre servile? Est-ce qu'il condamne
fatalement à l'ignorance et à l'abrutissement, et dans quel
cerveau peut donc naître cette conception de toute une
population enlevée aux champs pour en faire un ramassis
de déclassés et de demi-savants se croyant propres à tout
et en réalité bons à rien?

On parle d'instruction! Est-ce qu'elle est incompatible
avec le travail des champs? Comment! c'est au moment où
dans tous les pays de l'Europe, dans toutes les contrées
civilisées, des écoles professionnelles, des écoles d'agriculture s'élèvent partout; c'est quand la science, dans tous ses
laboratoires, cherche les moyens d'enlever à la terre ses
trésors par une culture raisonnée, basée sur les découvertes
les plus admirables des savants modernes; c'est quand
partout les gouvernements croient remplir un de leurs
plus impérieux devoirs en protégeant l'agriculture, en lui
confirmant ces lettres de noblesse bien plus précieuses et
bien moins contestables que tant d'autres; c'est au milieu
de tout ce grand mouvement d'opinion, de tous ces efforts
scientifiques, que l'on vient ainsi rabaisser le travail de la

terre et exciter toute une population à le délaisser comme
humiliant et comme servile!

Et celui qui produit au jour une pareille théorie se dit
le seul défenseur de ses frères!

Eh bien, nous qui réclamons la suppression de l'immigration, nous voulons élever ceux dont on s'est si étrange-
ment et avec si peu de droit fait le porte-voix; à ce mandataire infidèle des travailleurs nous disons: C'est nous
qui voulons les élever, car la conception d'une société où
le travail manuel serait banni est une conception à la fois
absurde et criminelle dont l'application entraînerait un
bouleversement social, car la culture des champs, éclairée
par les connaissances acquises, dégagée de la routine, et
l'école d'agriculture dont nous poursuivons la création, réa-
lisera un jour ce progrès; ce travail au grand soleil, au
milieu de notre féconde et généreuse nature, ne peut qu'é-
lever l'esprit.

Ceux qui ont eu le bonheur de voir la France savent bien
que les travaux des champs y sont en honneur; alors que
les plus riches fermiers savent au besoin mettre eux-mêmes
la main à la charrue, pourquoi nos cultivateurs s'abaisse-
raient-ils en maniant la houe? Et après tout, Messieurs,
pourquoi nous attarder plus longtemps sur un tel sujet?
Ceux qui essayent de diviser pour régner, de semer l'envie
et la haine entre nous, ceux-là ne réussiront pas dans leur en-
treprise criminelle. Nous pouvons avoir une opinion différente, mais nous sommes tous d'une égale bonne foi, et
jamais aucun de mes contradicteurs n'aurait cru devoir
employer, dans la lutte courtoise, une arme aussi déloyale.

Car tous ici, nous sommes sortis des entrailles mêmes
du peuple: descendants des noirs, nous ne renions pas
notre origine.

Pour moi je me dis: ce sont les ennemis de la classe
noire, les nôtres, ce sont ceux qui, au lendemain de l'esclavage, ont voulu la retenir dans leur dépendance, qui ont
établi l'immigration; ses amis ont donc leur devoir tout
tracé: la supprimer.

Cherchons dans le passé des enseignements pour le présent. Cette population que l'on a tant calomniée, c'est elle
cependant qui, au lendemain de 1848, — et ceci est constaté
par des documents officiels, — c'est elle, dis-je, qui envoyait
aux propriétaires effrayés des députations pour leur deman-

der de revenir sur leurs propriétés, et qui leur offrait même de travailler au rabais pour permettre d'attendre des jours plus heureux.

Et pourtant, quelque temps après, les calomnies n'avaient pas cessé. En mai 1853, nous lisons, dans une dépêche du gouverneur d'alors ces lignes significatives :

« Un commissaire de police, d'après le dire des habitants de Sainte-Marie, avait signalé sur un point de la commune l'existence de 1,200 vagabonds réunis en bourgade, je fis visiter les lieux par le capitaine de gendarmerie qui déclara que sur une population de 350 individus existant au morne des Esses, il y avait 60 nouveaux libres fixés sur des terres qu'ils avaient louées ou achetées, mais parmi lesquels 54 travaillaient pour le compte des habitants voisins. Le maire ayant contesté ces assertions, je les fis vérifier par le commissaire de police de concert avec le brigadier de gendarmerie, et, en outre, par le contrôleur des contributions, elles furent reconnues strictement exactes.

« Je pourrais multiplier les citations et prouver ainsi avec quelle légèreté les plaintes se font ordinairement ici. »

Voilà la vérité ; et c'est ainsi que les calomnies faisaient leur chemin, malgré toute la bonne foi des autorités d'alors, et que l'on arrivait au but ardemment poursuivi, malgré l'éclatante lumière qui se dégage de tous les documents de l'époque sur les agissements des meneurs de la campagne contre le pays.

Et, en effet, c'est le pays entier qui a souffert de l'établissement de l'immigration. Je sais bien qu'on me répondra en me citant la production de la colonie ; à quoi je répondrai tout d'abord que tout prouve que cette production aurait été au moins égale avec un régime de liberté, mais que les bénéfices réalisés, avec le travail libre, des salaires plus rémunérateurs, aurait profité à beaucoup plus de gens et permis dans notre pays l'établissement, à côté des grandes exploitations, de la petite propriété, seule base solide et stable de la fortune dans un pays de démocratie et d'égalité, et seule garantie de l'ordre et de la moralité.

Car la propriété est essentiellement moralisatrice, celle du sol principalement. Comment, en effet, peut-on être nomade et vagabond lorsqu'on est propriétaire ? Voyez le paysan de France, il a un amour presque sauvage pour sa terre, il la cultive avec passion, il s'y attache et n'a plus

qu'un désir: arrondir et étendre la parcelle qu'il possède.
Tous ses efforts y convergent. Aussi, quels admirablès
résultats !

Et puis, la propriété ne se sépare pas de la famille,
l'homme qui gagne sa vie et qui se crée des ressources par
l'épargne sent le besoin de s'attacher une compagne pour
partager avec lui son existence. Puis, viennent les enfants ; les besoins s'accroissent, le désir naturel de voir les
siens plus heureux qu'on n'a été soi-même, pousse avec
une ardeur nouvelle au travail. Et c'est ainsi que les so-
ciétés se fondent sur des bases indestructibles, car tous,
étant intéressés à l'ordre et à la stabilité, se dressent au
premier appel pour les défendre, lorsqu'ils sont menacés.

Eh bien ! nous pouvons le dire: quand l'immigration a
été établie, notre population marchait à grands pas dans
cette voie. Aussi était-il urgent d'arrêter le mouvement.

Aussi, quand on soulève certaines critiques et que l'on
nous fait un tableau chargé de notre situation morale;
quand on nous accuse d'être pour la plus grande partie
des vagabonds, je crois pouvoir répondre: S'il y a comme
une désagrégation des forces sociales, — et certes, les exagérations sont telles qu'on peut les considérer comme des
mensonges ! — c'est vous qui en êtes cause, vous qui n'a-
vez pas voulu d'un état de choses où vous n'auriez eu que
des égaux; vous qui, pendant plus de trente ans, avez
paralysé tout progrès et toute initiative.

Et j'ajouterai : Plus l'immigration durera et plus cette
désorganisation s'accentuera, car celle-ci n'est que l'effet
de celle-là.

Permettez-moi, Messieurs, de vous citer, en terminant,
seulement quelques chiffres dont tout commentaire ne
ferait qu'affaiblir l'éloquence.

Au 31 décembre 1882, il y avait dans la colonie 13,111
Indiens; sur ce nombre 6,787 seulement étaient des hommes
valides. De 1875 à 1880. sur 10,918 condamnés, 2,888
étaient des immigrants; de sorte que sur les 6,787 valides
le tiers était en prison. Ajoutez à cela les hospices qui en
ont en moyenne 124 par jour; et remarquez que durant le
cours de toute une année (1881) il y a eu seulement 76
réengagements.

Ainsi donc, au point de vue simplement pratique, on
peut soutenir que les services rendus par l'immigration

sont plus apparents que réels, car le travail fourni par elle est loin d'être en rapport avec les dépenses considérables qu'elle occasionne.

Et croyez-vous que dans un pays aussi dense que le nôtre la disparition d'un élément aussi inutile, pour ne pas dire aussi préjudiciable, puisse occasionner une perturbation quelconque ?

Pour moi, je pense que l'intérêt bien compris des habitants s'accorde avec ceux des cultivateurs créoles pour légitimer la suppression de l'immigration.

Après tout, nous représentons ici une population dont nous devons défendre les intérêts, et lorsque nous constatons que l'intérêt général lui-même nous commande notre devoir, nous ne pouvons faillir à notre tâche.

Mandataires de la démocratie, il ne nous est pas permis de trahir ses aspirations vers la liberté. C'est au nom de la justice et de l'équité que je vous demande la suppression d'un régime qui est la négation même des principes démocratiques.

M. ZAMY : Messieurs, ce serait presqu'une superfétation que de prendre la parole après les sublimes discours que vous venez d'entendre ; je devrais peut-être me contenter de vous dire que je donne mon assentiment plein et entier à ce qu'ont dit MM. Duquesnay et Clavius Marius dans cette question de principe et d'économie qu'ils ont déjà si brillamment vidée.

Mais j'appartiens à une famille qui parle et mon silence pourrait être mal interprété.

Au moment où nous voulons tout transformer, tout retoucher pour faire disparaître un passé honni, pour avoir une nouvelle famille coloniale, il faut qu'au soleil de 1881, une nouvelle aurore se produise, il faut que nous brisions avec les vieux errements.

Qu'on ne vienne pas avec des sophismes plus que détestables, tâcher de donner le change à l'opinion, et, pour ma part, je proteste énergiquement contre les expressions outrageantes pour le conseil dont un membre s'est servi dans cette enceinte.

Nous travaillons, Monsieur Bernard, pour les principes et pour la moralité de tous.

La population ne se laissera pas tromper par vous. Elle sait que nous ne nous séparons de personne et que ce que nous voulons, c'est le bien du pays, et, pour y arriver, sa transformation complète.

M. LE PRÉSIDENT : Je vais donner lecture au conseil d'une proposition qui vient d'être déposée sur le bureau et qui est revêtue de la signature d'un grand nombre de membres de l'assemblée :

Considérant que le travail libre doit exister dans un pays libre ;

Que l'organisation administrative du travail connu sous le nom d'immigration est une violation de ce principe ;

Que la concurrence n'est légitime qu'autant qu'elle est une conséquence de la liberté, mais qu'en aucun cas un gouvernement issu du peuple ne peut, par des moyens artificiels, créer contre ce peuple une concurrence étrangère et faire payer cette concurrence par ceux contre qui elle est dirigée,

Le conseil général décide :

A l'avenir aucun recrutement de travailleurs étrangers ne pourra être fait, aux frais ni par l'intermédiaire de la colonie.

Le travail réglementé est aboli. L'administration est priée de mettre la législation locale en harmonie avec ce principe de droit commun et de se conformer aux prescriptions de l'article 23 de la convention du 1ᵉʳ juillet 1861.

Aucun contrat passé sous le régime actuel ne sera renouvelé. La prime de réengagement est, en conséquence, supprimée.

EUG. DUPRÉ, O. DUQUESNAY, J. BINET, LACROIX, F. EUSTACHE, F. HAYOT, TH. Sᵗ-OMER ROY, M. Sᵗ-OMER ROY, NUMA VILLCE, E. AGRICOLE, JULES DUQUESNAY, ZAMY, M. HAYOT, CLAVIUS MARIUS.

M. DE THORÉ : Messieurs, hier, j'ai peut-être fatigué votre attention en discutant les arguments fournis contre l'immigration par le rapport de la commission financière. Il le fallait, pour en faire ressortir les contre-vérités qu'ils renfermaient. Mais je vous ai exposé une situation et des nécessités qui nous étaient communes avec toutes les autres îles des Antilles ; je vous ai démontré, l'Annuaire à la main, qu'en diminuant de moitié l'effectif de la population agricole adonnée à la culture de la canne, on diminuait, en même temps, la moitié de nos exportations, et que par suite notre balance commerciale se soldait en perte. Je vous ai fait entrevoir les conséquences qu'une telle perturbation économique entraînerait pour la colonie et pour les particuliers; je vous ai cité l'appréciation de notre éminent compatriote de la Guadeloupe; et par cela même, je vous ai fait entrevoir aussi les dangers, non moins dignes de notre sollicitude, qui pourraient résulter pour notre population agricole si, par suite d'un découragement de nos producteurs, les sept millions de salaire qui sont versés annuellement à ces travailleurs, et qui circulent dans notre commerce intérieur, venaient à leur manquer ou seulement à être définitivement réduits. On n'a répondu à rien de ce que j'ai dit, on est sorti de la modération qui doit présider à la discussion d'une question économique pour faire de la politique et de la déclamation; mais déclamer n'est pas raisonner. A défaut de bonnes raisons, on a eu recours, je l'ai entendu avec tristesse, à des procédés qui sont loin d'être corrects en nous prêtant des sentiments qui vont à l'encontre de tout ce que nous avons dit; on n'a pas hésité à nous accuser d'attaquer la classe noire. Tout cela, pour se poser en protecteur et pour se donner le mérite d'enfoncer des portes ouvertes. Je vous demande, Messieurs, si vous avez entendu une pareille attaque de mes collègues et de moi. Pour ma part, je vous dis tranquillement qu'il vous serait bien impossible de me prouver que je l'ai attaquée ni ici ni ailleurs, et je vous ajoute, avec la même sincérité, que j'ai plus de confiance que vous dans son témoignage. N'avez-vous pas, du reste, provoqué l'opinion d'un de nos collègues, dont la voix dans cette question est des plus autorisées?

PLUSIEURS MEMBRES INTERROMPANT: Non par exemple!.....

M. DE THORÉ: Enfin, n'ayant aucun autre argument qui ait quelqu'actualité, si ce ne sont les subtilités renfermées dans votre rapport, vous avez exhumé de la poussière du ministère de la marine la copie d'une enquête, vieille de trente-trois ans, que nous n'avons pu contrôler et dans laquelle, au mépris de l'équité qui exige l'indivisibilité de l'aveu, vous avez choisi les témoignages qui vous semblaient favorables à votre cause, sans faire connaître les témoignages opposés. Mais j'en ai entendu plus que vous n'avez cité ici, et de ces diversités d'appréciations, il s'en exhale un parfum de bonne foi, d'honnêteté, d'impartialité que j'aurais été heureux de retrouver aujourd'hui. De quoi s'agissait-il à cette époque? De savoir s'il fallait avoir recours à l'immigration pour remplacer le contingent de travailleurs qui s'acheminait déjà vers la propriété vivrière. On venait de sortir d'une transformation sociale et, comme ces grandes houles qui succèdent aux tempêtes, les flots de la population agricole se portaient en tous sens. On essayait les divers modes de travail; le colonage partiaire et l'association étaient surtout pratiqués, et les organisateurs de travail, avec un zèle méritoire, passaient des contrats d'engagement de toutes sortes (n'en déplaise à votre thèse d'aujourd'hui) pour asseoir l'élément du travail agricole. Qu'y a-t-il d'étonnant à ce que, dans ce moment d'incertitude et de tâtonnement, les esprits les plus pratiques fussent divisés sur l'avenir qui s'ouvrait à l'exploitation de la propriété sucrière et hésitassent sur les résolutions qu'il convenait d'adopter pour le maintien de la production destinée à l'exportation, alors que les fluctuations indécises de la masse des travailleurs pouvaient être favorables à certains centres au détriment d'autres centres? La diversité même des vues déposées dans cette enquête, tout en constatant l'état des choses, constatait également la sincérité des appréciations; mais, dès lors, les plus clairvoyants pouvaient prévoir le même déplacement au profit de la propriété vivrière qui s'était produit dans les colonies anglaises et qui avait obligé celles-ci à recourir à l'immigration. Comment y est-on arrivé et surtout comment y a-t-on procédé? Avec une sagesse qui n'est plus de nos jours. Une commission est nommée pour aller dans les îles voisines étudier l'aptitude du travailleur indien à nos travaux des champs, le mode d'engagement et de recrutement et le résultat acquis chez nos voisins du fonctionnement de cet élément du travail agricole, et puis, le moment venu, on en fait l'application dans l'Inde et en Afrique. Vous savez le reste.

Maintenant, je vous demande si la situation de cette époque d'incertitude et d'accommodement est la même aujourd'hui? Trente-trois ans nous en séparent. Durant ce temps, je consulte encore l'Annuaire, 18,000 travailleurs abandonnent la grande culture pour la culture vivrière, 5,000 autres sont occupés à des cultures diverses, 20,000

autres se retirent dans nos villes et les bourgs, une partie
de ceux-ci consommant sans produire. Retrouve-t-on aujourd'hui la situation de 1852 pour faire étalage d'une
enquête si dépourvue d'actualité? Ne fallait-il pas combler
ces vides et ne faudra-t-il plus les combler quand notre
production reprendra son essor?

Et puis, que venez-vous de faire? Après mes observations
d'hier, vous comprenez enfin que les conclusions impéra-
tives du rapport de la commission sont par trop autoritaires,
et vous venez introduire, au dernier moment, le vœu qui
était votre seul droit; mais dans ce que j'ai pu saisir va-
guement à sa lecture, il semble que vous enjoignez encore
à l'administration locale d'exécuter votre volonté, sans
délai. Eh bien! elle ne peut pas le faire sans attendre la
décision du département, et j'ai trop de confiance dans la
clairvoyance de M. le Ministre de la marine et de M. le
sous-secrétaire d'État, j'ai trop de confiance dans les
lumières de ces deux hommes d'État pour croire qu'ils vous
suivront dans cette voie, en sanctionnant aveuglément vos
projets, qui ne tendent à rien moins qu'à ruiner l'une des
plus belles colonies de la France.

M. LE REPRÉSENTANT DE L'ADMINISTRATION: J'étais
résolu à ne pas prendre la parole dans ce débat pour ne pas
en diminuer l'ampleur et pour laisser le conseil sous l'im-
pression des discours éloquents qu'il vient d'entendre.

Mais la proposition dont M. le Président vient de donner
lecture, plaçant la question sur un terrain tout particulier,
je n'ai plus le droit de garder le silence que je m'étais
imposé.

Je serai bref pour ne pas abuser de votre patience. Tout
d'abord, permettez-moi de vous donner quelques expli-
cations sur les prévisions du projet de budget. En ne pré-
voyant pas le crédit pour le recrutement des Indiens,
l'administration n'a pas seulement cédé à la pression de la
crise actuelle, elle a aussi voulu établir que le chiffre des
immigrants introduits jusqu'ici est plus que suffisant pour
les besoins de l'agriculture, et qu'il est temps de mettre un
terme à une situation qui finirait par être fort comprromet-
tante pour les intérêts de la colonie.

Vous allez aisément me comprendre, et pour éclairer
votre jugement, écoutez seulement les données que j'em-
prunte à une statistique récemment faite. Elles révèlent

une situation économique sur laquelle vous ne sauriez trop méditer; c'est sur ce point que j'attire plus particulièrement votre attention. On a déjà assez dit et assez écrit sur l'immigration pour que je n'envisage pas la question sous le côté humanitaire. Si on veut savoir ce que vaut l'institution avec les recrutements que l'on opère sur le territoire anglais, on n'a qu'à plonger un regard dans le dépôt de Fort-de-France, on n'a qu'à parcourir les hospices et même les rues de nos villes, on n'a, surtout, qu'à pénétrer dans les prisons!

La statistique que j'ai sous les yeux établit que de 1853 à ce jour on a introduit à la Martinique :

Qu'il est né.........	25,509	immigrants indiens par 55 convois ;
	3,966	enfants des unions de ces immigrants,
Soit en totalité.......	29,475	immigrants ;
Qu'il est décédé 11,944		
Qu'on a rapatrié	16,204	
par 16 convois... 4,260		
Qu'il existe donc encore dans la colonie.........	13,271	immigrants.

Sur ce nombre, 5,079 sont actuellement engagés sur diverses propriétés et 8,192, libérés, travaillent où ils peuvent et comme ils peuvent.

Ces libérés sont là, vous menaçant sans cesse de demandes de rapatriement auxquelles vous ne pouvez vous soustraire; vous rappelant sans cesse que vous avez, de ce chef, au moins deux millions et demi à dépenser pour les restituer à leur pays natal, sans compter ce que l'entretien et l'hospitalisation des non-valeurs, des infirmes, des malades vous coûte. Je ne parle pas des dépenses de la prison.

N'est-il pas temps de renoncer à une immigration qui impose des charges aussi écrasantes à la colonie?

Voulez-vous savoir maintenant comment se répartissent les 5,079 engagés ? Ce n'est pas un détail sans intérêt :

L'arrondissement du Sud en emploie.........	1,303
Fort-de-France en compte....	78
Le Lamentin...............	517
Saint-Esprit...............	32
François..................	168
A reporter..........	795

Report..............	795
Ducos	159
Rivière-Saléo..............	101
Diamant en compte..........	8
Trois-Ilets	116
Anses-d'Arlets.............	39
Sainte-Luce...............	27
Marin.....................	19
Sainte-Anne...............	30
Rivière-Pilote	9
Vauclin...................	Pas un.
Total........	**1,303**

L'arrondissement du Nord en compte........ 3,776
qui sont affectés, dans les proportions suivantes,
aux diverses communes :

Saint-Pierre...............	644
Carbet....................	238
Prêcheur..................	164
Case-Pilote...............	59
Basse-Pointe..............	525
Macouba..................	327
Marigot...................	″
Grand'Anse	514
Trinité...................	521
Sainte-Marie..............	416
Gros-Morne...............	46
Robert....................	322
Total........	**3,776**

Voilà le bilan de l'immigration indienne dans la colonie.
Il est significatif et c'est pour ce motif que, devançant votre
vote, l'administration n'a pas jugé utile de demander des
crédits pour cette coûteuse institution.

Mais la proposition dont le conseil est saisi ne vise pas
seulement la question d'immigration, elle touche, si je l'ai
bien saisie à sa lecture, au régime du travail. Vous êtes
libres d'accorder des crédits pour maintenir l'immigration
comme vous avez aussi le droit de n'en pas voter, et votre

pouvoir à cet égard est indéniable. Mais quand vous abordez le second point, vous touchez aux prérogatives du pouvoir métropolitain. Vous n'êtes plus souverainement juges de la question. Je me hâte d'ajouter que vous trouverez l'administration toujours heureuse de s'associer aux vœux que vous émettrez pour l'abrogation des dispositions exceptionnelles qui régissent encore le travail à la Martinique. Elle demandera avec vous au département la revision du décret de 1852, dont les dispositions ne répondent pas aux aspirations d'une société démocratique. Sa tâche sera facile, Messieurs, car le département lui a déjà tracé la voie et est venu en quelque sorte au-devant de vos vœux. Un Ministre qui a gouverné la Martinique, M. l'amiral Cloué, s'exprimait de la façon suivante dans une communication datée du 16 février 1881 :

« Monsieur le Gouverneur, j'ai trouvé joint à la lettre que vous m'avez adressée le 17 décembre dernier, le texte de l'arrêté rendu par vous en conseil privé le 6 du même mois, et qui introduit d'importantes modifications dans la législation sur le régime du travail à la Martinique.

« C'est avec satisfaction que j'ai vu l'administration locale, entrant résolument dans la voie libérale indiquée par le département, aller au-devant des améliorations que comporte cette législation dont un certain nombre de dispositions étaient, d'ailleurs, déjà tombées en désuétude. J'aurais trouvé, toutefois, désirable qu'allant plus avant encore dans cette voie, elle ne fît pas revivre, même en y apportant de réelles atténuations, l'une des plus importantes de ces dispositions : je veux parler de la partie du décret du 13 février 1852 sur le livret.

« Je ferai également mes réserves quant à la conversion en journées de travail des amendes et des condamnations aux frais et dépens prononcées par les tribunaux de simple police à l'égard des travailleurs ayant la qualité de citoyens français.

« Je m'occupe, en effet, d'accord avec M. le Garde des sceaux, de l'examen des mesures à prendre à l'effet de placer, à cet égard, la population autochtone dans les conditions analogues à celles en vigueur dans la métropole.

« J'ajouterai que le décret sur l'immigration, en ce moment soumis à l'examen du conseil d'État, modifie également, dans un sens plus libéral, cette partie de la législation coloniale, en ce qui concerne les travailleurs étrangers. »

Des préoccupations particulières, nées de circonstances que je n'ai pas à rechercher, ont pu suspendre l'examen des projets dont parlait le Ministre, mais les dispositions du département ne sauraient avoir changé.

Si donc les barrières qui s'opposent encore à ce que la colonie soit placée dans le droit commun sous le rapport du régime du travail viennent, selon vos vœux, à disparaître, la situation de l'immigrant se modifiera d'elle-même par application de l'article 23 de la convention du 1er juillet 1861. Comptez sur la justice du pouvoir central. Rappellez-vous pourtant que le temps a apporté de grands adoucissements aux rigueurs des dispositions du décret de 1852.

Le commencement du siècle, je le sais comme vous, a vu une monstrueuse iniquité, mais grâce à la ténacité et à la vaillance d'hommes dont les noms sont dans tous les souvenirs, les droits de l'humanité ont fini par triompher ; la seconde moitié de ce siècle verra disparaître, avec les vestiges d'une législation tombée déjà en désuétude, une institution qui est une véritable plaie pour notre société. Comme homme, je ne puis que partager les sentiments et m'associer aux vœux des signataires de la proposition soumise au conseil.

M. DE THORÉ : Je reste étonné d'entendre M. le représentant de l'administration abandonner ses propositions et remplir le rôle de conseiller général pour faire entendre une note aussi sonore, sans connaître les vues et sans attendre les instructions du département. Sa situation de représentant du pouvoir métropolitain dans cette assemblée l'obligeait à la neutralité. On a, en effet, tout attaqué, tout critiqué. A propos de l'immigration, n'est-on pas de nouveau arrivé à mettre en cause les usines qui représentent cependant les progrès accomplis ? Insultant à leur ruine, quand elles se débattent aujourd'hui pour une nouvelle transformation, ne leur a-t-on pas reproché de donner des dividendes de 50 pour 100, quand personne n'ignore que les plus prospères d'entre elles, naguère encore, n'ont pu même servir les plus minces intérêts à leurs actionnaires ! Et vous avez parlé de conciliation, quand nous n'espérons plus que dans la prévoyance et la protection du ministère !...

M. le Représentant de 'l'administration : J'ai parlé un langage bien précis et bien clair, et si M. de Thoré l'avait entendu il aurait vu que j'ai réservé expressément dans la question les droits du pouvoir métropolitain.

M. Lacroix : Après les longs débats qui viennent de se dérouler devant vous, je m'étais promis de ne pas prendre la parole; mais je viens d'entendre dire que l'on cherchait à étouffer la discussion, je désire donc contribuer à la démonstration de ce fait, qu'au conseil général la discussion sur l'immigration a été libre, et que tous, partisans ou adversaires, nous avons eu le loisir de dire toute notre pensée.

Il importe de bien préciser la question : l'immigration, avec la réglementation qui l'accompagne, est-elle une institution bonne en elle-même, nécessaire à la prospérité du pays, et dont les inconvénients sont nés avec les jours malheureux que nous vivons? ou bien, l'immigration a-t-elle été de tous temps une chose détestable, supportable tant que la prospérité du pays nous engourdissait l'esprit, et aussi tant que nous ignorions le but que l'on voulait atteindre en introduisant des immigrants ici? Voilà ce que doit se demander tout esprit impartial.

Veuillez, tout d'abord, le remarquer, Messieurs, jusqu'ici la plupart de ceux qui se sont occupés de cette question adoptaient la première manière de voir. Pour eux, l'immigration avait des avantages qui en compensaient largement les inconvénients. Une partie de la population jouissait d'un certain bien-être matériel, cela suffisait. Mais la crise que nous subissons devait mettre à nu la plaie, nous faire voir les graves inconvénients de cette institution, et en même temps nous forcer à soulever le voile qui recouvrait les agissements de ceux qui fondèrent l'immigration.

Pourquoi a-t-on introduit des immigrants dans notre pays? Est-ce véritablement parce que les bras manquaient? Non, et notre collègue Duquesnay vous l'a éloquemment démontré hier.

Ce n'est pas là le vrai motif. Ce que l'on voulait et dont l'aveu a échappé, c'était faire la concurrence aux travailleurs créoles, c'était l'abaissement du salaire. Le salaire était à 80 centimes! et M. le colon trouvait que c'était trop !!

Cela se comprend. Hier encore, devait-il se dire, cet

homme n'était-il pas ma chose? pourquoi le payer aujour-
d'hui? Et son esprit s'exaltant, il ne tardait pas à se convaincre que les mesures que son intérêt matériel lui
dicterait, profiterait aussi à sa prépondérance morale.
Deux buts étaient à atteindre: relever sa fortune ébranlée,
et assurer sa prépondérance diminuée par l'émancipation.
Or, l'immigration devait permettre au colon d'atteindre
ces deux buts; l'immigration devait lui laisser l'illusion
d'être encore propriétaire d'hommes; l'immigration devait,
chose précieuse, anéantir toute chance de prospérité pour
les anciens esclaves. L'immigration fut établie.

Que l'on ne vienne point nous dire que ceux qui deman-
dèrent l'immigration n'avaient d'autres soucis que de
développer les cultures. Ils n'y pensaient pas; de leur
propre aveu, leur matériel suffisait à la production, et on
n'entrevoyait pas encore la possibilité d'établir ces puis-
santes usines qui devaient aider au développement de notre
production. Dans cette mémorable séance du conseil privé
du 24 janvier 1853, M. de Percin avoue que l'on ne se serait
pas attendu à voir le pays, en 1853, ce qu'il était alors.

M. le Gouverneur demande si l'immigration augmenterait la production, et M. Desgrottes répond négativement.
« Les habitants du Nord, ajoute-t-il, ne pourraient guère
augmenter leurs produits. » Or, ceux-là ont plus d'immigrants que les autres.

Le besoin des bras n'était donc pour rien dans l'idée qui
a présidé à la création de l'immigration.

Espérait-on augmenter la prospérité du pays? Hélas!
le présent, qui était alors l'avenir, démontre bien que l'on
s'était abusé: en 1851, l'exportation du pays s'élevait à
25,000,000 de francs, aujourd'hui elle est de 27,000,000;
mais après avoir absorbé le montant de l'indemnité coloniale, le pays s'est endetté de 8,000,000 au crédit foncier.
Voilà le résultat après trente ans d'immigration.

On nous a menacés de l'envahissement de la grande propriété par des compagnies qui feraient de l'immigration
pour leur propre compte. On nous dit qu'en abolissant l'immigration, nous ne faisons qu'assurer l'existence de la
grande propriété. Nous devons être vraiment heureux, si
nous pouvons atteindre ce résultat. Nous n'avons jamais
voulu faire disparaître la grande propriété; ce que nous
voulons, c'est le morcellement dans une mesure raison-
nable.

Nous serons fort aises d'avoir, près des parcelles des pauvres, la grande propriété du riche.

Quant à la possibilité de l'immigration par une compagnie, il nous suffira de vous rappeler, Messieurs, que déjà cet essai a été fait et qu'il a été désastreux. Ce qui est résulté de ce fait d'initiative privée, c'est que la colonie a été obligée de rapatrier les Indiens que cette compagnie avait introduits ici.

Du reste, pourquoi insister? L'augmentation de la production préoccupait peu l'esprit des fondateurs de l'immigration. Ce qu'ils craignaient, c'est que leurs anciens esclaves ne devinssent propriétaires. 27 travailleurs, dit M. de Percin, achètent de la terre! cela fait craindre, ajoute-t-il, que ces cultivateurs parviennent un jour à se créer une position! L'événement le prouve, ils avaient raison de craindre.

D'après M. Duclary, l'immigration est nécessaire pour combattre la tendance des noirs à fuir tout travail soutenu. La tendance! n'est-ce pas, Messieurs, le digne pendant de l'ancien considérant des cours criminelles, qui condamnaient dès que l'on était véhémentement soupçonné! La tendance! que de crimes commis de par le monde avec ce seul mot! Mais ce n'est pas tout, l'immigration est nécessaire; non pas parce que le créole refuse de travailler, mais parce qu'il refuse de s'engager, dit M. Duclary, parce qu'il refuse de redevenir esclave!!

Voilà, Messieurs, les véritables motifs qui ont déterminé l'établissement de l'immigration. Pour empêcher aux travailleurs d'acheter de la terre, pour les forcer de s'engager, on va introduire des milliers de bras pour les remplacer. Ils savent bien, ces messieurs, que les cultivateurs n'ont pour vivre que leur salaire; mais peu importe; dans leur esprit notre race doit rester dans l'état où la laissait l'esclavage.

Et d'ailleurs, pour s'en convaincre, ne suffit-il pas de rappeler comment les promoteurs de l'immigration entendaient répartir le travail? Il est bon de le répéter: « Aux « immigrants, les travaux journaliers; aux créoles, les « travaux extraordinaires. » — A nous, les travaux extraordinaires, à nous les miettes de la table!

Voilà donc toute une classe d'hommes, hier encore exploités, menacés de n'avoir pour tout travail que ce qui restera en sus du travail journalier. Et comme si ce n'était assez de se liguer contre de malheureux cultivateurs qui

n'avaient d'autres torts que d'avoir été libérés, on ajoute
l'ironie aux arguments détestables fournis en faveur de l'immigration : « Les indigènes, dit M. de Percin, verront
« avec plaisir arriver les Indiens. Ils auront plus de loisir,
« et il leur sera permis de travailler selon leur goût, c'est-
« à-dire, quand et comment il leur plaira. »

Cependant, le Gouverneur, qui présidait cette séance
du conseil privé du 24 janvier 1853, était loin d'être la dupe
des colons, il voyait sans doute leur but, il réprouvait
leurs agissements. C'est ce qu'il leur fait suffisamment
sentir en leur adressant ces paroles : « La pétition peint la
« situation de la colonie sous des couleurs lugubres, mais
« complètement fausses..... Il est regrettable que, dans
« une pièce destinée à être mise sous les yeux de S. M.
« l'Empereur, on n'ait pas craint d'avancer des faits ten-
« dant à donner une opinion fausse sur la situation. »

La plupart de ceux qui sacrifiaient ainsi l'avenir des
cultivateurs à leur bien-être du moment n'existent plus;
nous n'ajouterons pas de commentaires.

Loin de nous la pensée d'établir une sorte de solidarité
entre les colons qui créèrent l'immigration et les propriétaires qui leur succédèrent. A l'honneur de l'humanité,
nous croyons que ceux-ci n'ont pas eu les mêmes idées
d'exclusion. Ils jouissent de l'immigration sans s'occuper
des motifs qui l'avaient fait établir, et ils reproduisent l'argument que l'on a inventé pour servir d'épouvantail : l'immigration est indispensable, sans elle l'agriculture péri-
clitera, le pays sera perdu. Mais il ne faut pas se le
dissimuler, les plus expérimentés doivent se dire que les
travailleurs créoles peuvent suffire. Comment, en effet,
prétendre que les bras manquent quand on peut, sans
crainte d'arrêter tout travail, abaisser le salaire de 40 pour
100? Les travaux n'ont pas diminué du jour au lendemain;
il faut entretenir les cultures ; il faut faire de nouvelles plan-
tations ; et avec de tels besoins, dans un pays qui souffrirait
de la pénurie de bras, vous pourriez impunément dire aux
travailleurs: nous ne payerons le salaire qu'à 1 franc ! Non,
Messieurs, ne le croyez pas, les bras ne manquent pas à la
terre, et la suppression de l'immigration ne fera point
décroître la production du pays. Le rapatriement des
Indiens n'aura qu'une conséquence, et elle sera profitable à
tous, c'est, dans un avenir encore éloigné peut-être, de
relever le salaire du cultivateur créole.

Mandataires du peuple, hésiterons-nous à extirper de notre pays l'institution établie dans un but si détestable, alors qu'il est prouvé que les enfants de la Martinique peuvent suffire à tout? Laisserons-nous subsister, dans un pays libre, le travail réglementé? Resterons-nous indifférents aux besoins du plus grand nombre? Non. Vous ne voudrez pas assumer cette responsabilité. Vous ne laisserez pas dans l'angoisse ceux qui doivent attendre tout de nous. Vous ne les laisserez pas exposés aux suggestions qui peuvent venir des privations qu'ils auront à souffrir bientôt.

Rappelons-nous, Messieurs, qu'en supprimant l'immigration, nous ferons disparaître une institution inutile et funeste, et nous travaillerons ainsi au maintien de la tranquillité.

M. POMPONNE: Messieurs, voici les conclusions que je puis tirer des débats qui viennent d'avoir lieu dans cette enceinte sur le sujet pendant, l'immigration dans le pays ; permettez-moi de vous les faire connaître.

Je compare donc la situation du pays à celle d'un malade sérieusement atteint ; auprès de lui, Messieurs, se trouvent les hommes de l'art qui reconnaissent que le cas est grave, très grave et que, avec de grands ménagements et de bons soins, il peut s'en tirer ; d'un autre côté, il s'en trouve d'autres qui s'intéressent aussi au malade et qui, croyant mieux faire, combattent les médications, mais en prescrivent d'autres de trop énergiques. Qu'arrive-t-il, Messieurs? Le malade empire et enfin il est emporté. Eh bien ! je reconnais que ce sera le cas du pays si vous avez le malheur de dénoncer le contrat qui nous lie avec le gouvernement anglais. Je suis donc d'avis, pour le moment, de supprimer les convois d'Indiens, mais sauf à les reprendre aussitôt que les besoins du pays les réclameront pour la culture.

M. LE PRÉSIDENT: Personne ne demandant la parole, Messieurs, je déclare la discussion close et je mets aux voix la proposition signée de plusieurs membres dont je donne de nouveau lecture:

Considdérant que le travail libre doit exister dans un pays libre
Que l'organisation administrative du travail connue sous le nom d'immigration est une violation de ce principe ;
Que la concurrence n'est légitime qu'autant qu'elle est une conséquence de la liberté, mais qu'en aucun cas un gouvernement issu du peuple ne peut, par des moyens artificiels, créer

contre ce peuple une concurrence étrangère et faire payer cette concurrence par ceux contre qui elle est dirigée,

Le conseil général décide :

A l'avenir aucun recrutement de travailleurs étrangers ne pourra être fait, aux frais ni par l'intermédiaire de la colonie.

Le travail réglementé est aboli. L'administration est priée de mettre la législation locale en harmonie avec ce principe de droit commun et de se conformer aux prescriptions de l'article 23 de la convention du 1er juillet 1861.

Aucun contrat passé sous le régime actuel ne sera renouvelé. La prime de réengagement est, en conséquence, supprimée.

EUG. DUPRÉ, O. DUQUESNAY, J. BINET, LACROIX, F. EUSTACHE, F. HAYOT, TH. St-OMER ROY, M. St-OMER ROY, NUMA VILUCE, E. AGRICOLE, JULES DUQUESNAY, ZAMY, M. HAYOT, CLAVIUS MARIUS.

M. DE THORÉ : Je dépose la proposition suivante :

Considérant que ni la France ni l'Angleterre ne permettraient aucun autre travail que le travail libre, je propose de repousser le vœu qui vient d'être formulé et de passer à l'ordre du jour.

M. LE PRÉSIDENT : Le conseil doit d'abord statuer sur la proposition qui a été la première déposée sur le bureau, et ce ne serait, Monsieur de Thoré, que dans le cas où elle serait repoussée que la vôtre pourrait être mise aux voix.

Le conseil consulté adopte les conclusions de la proposition dont lecture a été donnée par M. le Président.

Ont voté pour :
MM. O. Duquesnay, Clavius Marius, F. Hayot, Nollet, Th. Roy, Fanfan, M. Roy, Eustache, Zamy, M. Hayot, Dupré, Viluce, Monvert, J. Duquesnay, Agricole, Binet, Forbas, Lacroix.

Contre :
MM. F. Bernard, Bélus, Cadeau, Pomponne, Laborde, de Thoré et Girard.

Pour extrait :

L'Archiviste du conseil général,

* 9 7 8 2 0 1 3 3 6 5 6 9 7 *